Quiches und Tartes

Marlisa Szwillus

Quiches und Tartes

FALKEN

INHALT

HEISSGELIEBTES AUS DEM OFEN

Pikante Kuchen voller Aroma

Ofenfrisch und herrlich duftend sind Quiches und Tartes einfach unwiderstehlich. In Frankreich waren die Quiches ursprünglich schlichte, bäuerliche Gerichte, und als Tarte wurden nur flache Kuchen mit Obstbelag bezeichnet. Durch Freude am Experimentieren gibt es inzwischen sowohl herzhafte Tartes wie auch feinere Quiches in vielerlei Variationen. Aber nicht nur in Frankreich sind diese pikanten Köstlichkeiten beheimatet; in der Schweiz heißen sie Wähen, in Deutschland pikante Kuchen und in Italien hat man in der Pizza seine ganz eigene Form dafür gefunden. Quiches und Tartes kann man zu unzähligen Gelegenheiten servieren: als Vorspeise, Hauptgericht, Beilage oder als Snack zwischendurch. Sie eignen sich für die unkomplizierte Alltagsküche, für festliche Gelegenheiten, zum sonntäglichen Brunch, zur gemütlichen Weinrunde oder auch – kalt – zum Picknick im Grünen.

Die Rezepte in diesem Buch, ob klassisch oder neu kreiert, garantieren für jeden Geschmack und jeden Anlaß ein kulinarisches Vergnügen. Und die Variationsmöglichkeiten inspirieren alle, die Spaß am Kochen haben, den Rezepten je nach Phantasie und Jahreszeit ihre ganz persönliche Note zu verleihen.

Die Zutaten

Auf gute Qualität sollten Sie dabei grundsätzlich achten, denn nur erstklassige und frische Lebensmittel garantieren den vollkommenen Genuß. Gute Mehlsorten, frisch gemahlener Pfeffer aus der Mühle, frische Eier aus artgerechter Tierhaltung, knackiges Gemüse und frische Kräuter der Saison, ausgesuchte Fleischqualität, frischer Fisch und sorgsam gereifter Käse sind die Grundsäulen des Erfolgs für herrliche Quiches und Tartes.

Das brauchen Sie

Die Backformen

◆ Zum Backen eignet sich praktisch jede ofenfeste oder hitzebeständige Form. Die runden herzhaften Kuchen gelingen gut in Springformen, in speziellen Quiche- und Tarteformen, in Kuchenblechen und in Pizzaformen. Besonders dekorativ sind flache Formen mit glattem oder gewelltem Rand, die es aus Porzellan, Glas oder Keramik gibt und die Sie gleich vom Herd auf den Tisch stellen können.

Rund um den Teig

Die Zubereitung der Teige

◆ Alle Teige können Sie mit den Händen oder auch mit Hilfe eines Handrührgerätes oder einer Küchenmaschine zubereiten. Mürbeteige dürfen nicht zu lange geknetet werden.

◆ Anstelle des Mehls Type 550 können Sie auch die Type 405 verwenden. Reduzieren Sie dann die zugegebene Flüssigkeitsmenge für den Teig um etwa 2 Eßlöffel.

◆ Ob Sie für den Teig Butter oder Margarine nehmen, ist reine Geschmackssache.

◆ Hefe- und Strudelteige werden durch kräftiges Kneten elastisch und lassen sich dann besser ausrollen. Mürbeteige dagegen vertragen intensives Kneten gar nicht, sie werden dadurch bröselig.

◆ Alle fetthaltigen Teige (besonders die Mürbeteige) sollten vor dem Backen für mindestens 30 Minuten kühl stehen. Man kann sie ausrollen, die eingefettete Backform damit auslegen und die Teige dann in der Form kalt stellen. Oder Sie stellen sie zuerst in Frischhaltefolie eingewickelt kalt und rollen sie anschließend aus.

Die Zubereitung im voraus

Wenn es einmal besonders schnell gehen soll, können Sie alle Teige, Güsse und die meisten Beläge vorbereiten. Mürbeteig, geriebener Teig und Blätterteig können Sie gut verpackt 2 bis 3 Tage im Kühlschrank aufheben, Hefe-, Quark-Öl-Teig und Strudelteig sollten spätestens am nächsten Tag weiterverarbeitet werden. Stellen Sie Belag und Guß getrennt voneinander in den Kühlschrank. Kurz vor dem Backen müssen Sie dann nur noch die Zutaten auf dem Teig verteilen, den Guß darübergießen und den pikanten Kuchen bei der angegebenen Temperatur backen.

Die Fertigteige

Wenn die Zeit knapp oder Ihnen die Arbeit zu viel ist, greifen Sie zu Fertigteigen. Es gibt sie als Backmischungen (Hefeteig, Pizzateig), als Frischteige in der Kühltheke (Blätterteig, Pizzateig, Vollkornteig für Brötchen) oder als tiefgekühlte Teige (Blätterteig, Hefeteig).

Wenn nur ein Teil des tiefgekühlten Teiges verwendet wird, können die unaufgetauten und gut verpackten Teigplatten zurück ins Tiefkühlgerät gelegt werden. Bei allen Teigen sollten Sie sich genau an die Gebrauchsanweisung auf der Packung halten.

Das Auslegen der Formen

◆ Sollen Boden und Rand einer runden Backform ausgelegt werden, rollt man den Teig etwas größer als die Form aus. Dann legt man die Backform umgedreht auf den Teig, gibt rundherum noch ungefähr 4 cm dazu und schneidet mit einem stumpfen Messer einen Teigkreis aus.

Anschließend den Teig locker zu einem Viertel seiner Größe zusammenklappen, in die Form legen, auseinanderfalten und leicht andrücken.

Eine andere Methode: Den Teigboden genau in der Größe der Form ausschneiden und hineinlegen. Für den Rand aus dem restlichen Teig eine Rolle formen, sie in die Form legen und mit den Händen zu einem Rand formen.

◆ Wie kleine Quiche- und Briocheförmchen oder Schiffchen mit Teig ausgelegt werden, ist bei den jeweiligen Rezepten genau beschrieben.

◆ Um ein Backblech mit Teig auszulegen, wellt man den Teig dünn aus, rollt ihn um das Nudelholz, hebt ihn so auf das Blech und rollt den Teig sehr vorsichtig wieder ab.

Backen wie ein Profi

Das Blindbacken

◆ Besonders bei Teigböden mit saftigem Belag und bei Mürbeteigböden mit hohem Rand sollte der Teig blind vorgebacken werden, damit er schön knusprig wird. Dafür den Teigboden mit Backpapier oder Alufolie belegen. Entweder eine kleinere, ofenfeste Form darauf stellen oder getrocknete Erbsen oder Bohnen darauf schütten. Dann das Ganze auf der untersten Schiene des Ofens 10 bis 15 Minuten backen. Die Hilfsmittel vorsichtig entfernen und den Teig vor dem Einfüllen des Belages etwas abkühlen lassen.

◆ Das Blindbacken empfiehlt sich auch bei Formen aus Porzellan, Glas oder Keramik, die nicht so gut bräunen wie Backformen aus Metall.

◆ Sollten Sie weder eine kleinere Form noch getrocknete Hülsenfrüchte im Haus haben, können Sie den ausgerollten Teig auch mit einem verquirlten Ei oder mit geschlagenem Eiweiß dünn bestreichen. Das Ganze muß vor dem Belegen noch etwa 10 Minuten trocknen. Oder Sie bestreuen den Teig mit Semmel- oder Zwiebackbröseln.

Der Backofen

Für das Gelingen der Rezepte aus diesem Buch ist ein herkömmlicher Backofen ausreichend. Die angegebenen Temperaturen beziehen sich auf einen Elektrobackofen mit Ober- und Unterhitze. Wenn Sie einen Backofen mit Umluft besitzen, sollten Sie die genannte Temperatur um 10 bis 20 Prozent reduzieren; die Backzeit bleibt dann in etwa gleich. Übrigens: Gas- und Umluftbacköfen müssen nur kurz vorgeheizt werden, da sie schon in wenigen Minuten die gewünschte Backtemperatur erreicht haben.

Die Garprobe

Die angegebenen Backzeiten sind Richtwerte, die sich je nach Beschaffenheit des Belags, des Materials der Backform und der Temperatur des Backofens leicht verändern können.
Um ganz sicher zu gehen, daß der Belag fest ist, stechen Sie am besten mit einem Holzstäbchen in die Mitte der Quiche oder Tarte. Ist das Stäbchen nach dem Herausziehen trocken, ist die Masse fest. Bleiben jedoch Reste am Holz hängen, benötigt der Kuchen noch ein paar Minuten Backzeit. Sie können auch per Fingerdruck prüfen, ob der Kuchen fertig ist: Ist der Guß ganz gestockt, fühlt sich der Belag fest an und gibt kaum nach.

Nach dem Backen

Vor dem Servieren

Damit beim Anschneiden der Quiches und Tartes möglichst wenig Saft herausläuft, sollte man sie nach dem Backen noch etwa 5 Minuten ruhen lassen.

Das Einfrieren

◆ Alle rohen Teige können eingefroren werden. Legen Sie diese zum Auftauen am besten in den Kühlschrank. Lassen Sie tiefgekühlten Hefeteig anschließend noch bei Zimmertemperatur wie im Rezept beschrieben aufgehen.

◆ Auch zubereitete Quiches und Tartes lassen sich gut einfrieren. Sie bleiben besonders saftig, wenn sie vorher nicht ganz fertiggebacken werden. Dazu die Backzeit etwa um ein Viertel kürzen. Nach dem Auftauen können die herzhaften Kuchen bei der im Rezept angegebenen Temperatur fertiggebacken werden.

Tips zu den Rezepten

Die Zeitangaben

Bei den Rezepten ist immer eine Arbeitszeit angegeben, die aussagt, wie lange Sie für die Zubereitung des Kuchens benötigen. Sonderzeiten, wie z.B. Ruhezeiten oder Zeiten zum Gehen des Teiges, und die Backzeiten sind extra ausgewiesen und müssen zu den Arbeitszeiten hinzugerechnet werden. Bei einigen Rezepten empfiehlt es sich, während der längeren Ruhezeiten schon mit der Vorbereitung anderer Dinge fortzufahren. So können Sie besonders zeitsparend arbeiten.

Die Angaben zur Backform

Hier ist die Form angegeben, die optimal für das Rezept geeignet ist. Falls Sie die empfohlene Form nicht haben, weichen Sie auf eine etwas kleinere oder größere aus.

Die Portionsangaben

Die Rezepte sind für 4 Personen als Hauptgericht gedacht. Zusammen mit einem Salat, mit einer Suppe vorneweg oder mit einem Dessert hinterher reicht die Menge dann auch für 6 Personen zum Sattessen. Wenn Sie das Gericht gerne als Vorspeise servieren wollen, ergeben die Rezepte 8 bis 10 Portionen. Die Rezepte im Highlight-Kapitel (ab S. 120) sind für 8 Personen berechnet.

Die Kalorienangaben

Die im Rezeptkopf aufgeführten Kalorienangaben beziehen sich immer auf 1 Portion des Gerichtes.

Die Zutatenmengen

Diese beziehen sich bei Obst und Gemüse auf ungeputzte Rohware. Bei Stückzahlen (z.B. 1 Möhre) wird von 1 Stück mittlerer Größe ausgegangen. Werden Mengen in Teelöffeln oder Eßlöffeln angegeben, so sind damit gestrichene Maße gemeint.

Die Beilagentips

Unter dieser Rubrik finden Sie Vorschläge für die passenden Salate.

Die Rezeptvariationen

Hier finden Sie Vorschläge, wie Sie durch Austauschen von Zutaten dem jeweiligen Rezept eine andere Geschmacksnote verleihen können.

Die praktischen Tips

Hier finden Sie Informationen zum Einkauf, zur Lagerung und zur Küchenpraxis sowie zur Warenkunde.

Die Getränketips

Hier erhalten Sie Anregungen, welche Getränke besonders gut mit dem Gericht harmonieren.

Die Abkürzungen

TL	=	Teelöffel (gestrichen)
EL	=	Eßlöffel (gestrichen)
Msp.	=	Messerspitze
g	=	Gramm
kg	=	Kilogramm
ml	=	Milliliter (1 ml = 1 ccm)
l	=	Liter (1 l = 1000 ml)
cm	=	Zentimeter
Ø	=	Durchmesser
kcal	=	Kilokalorien
TK-...	=	Tiefkühl-...

KARTOFFEL-STEINPILZ-TARTES

Infoblock

- Arbeitszeit: ca. 1 Stunde
- Ruhezeit: ca. 1 Stunde
- Backzeit: ca. 25 Minuten
- Für 8 Förmchen (10 cm ø, 150 ml)
- 4 Portionen
- ca. 600 kcal je Portion

Zutaten

Für den Mürbeteig

150 g Weizenmehl Type 550
50 g geriebener Parmesan
etwas Salz
80 g weiche Butter
1 kleines frisches Ei
2 EL Wasser
etwas Mehl zum Ausrollen
etwas Fett für die Förmchen

Für den Belag

20 g getrocknete Steinpilze
150 ml heißes Wasser
300 g festkochende Kartoffeln
2 kleine Schalotten
1 TL Butter
200 g Sahne
etwas Salz
weißer Pfeffer
1 Msp. Paprikapulver edelsüß
1–2 EL Zitronensaft
2 frische Eigelbe
3 EL feingehackte Petersilie
1 EL Schnittlauchröllchen

1 Das Mehl mit dem Käse und dem Salz in einer Schüssel mischen. Die Butter in Flöckchen hinzufügen und die Zutaten zu einer krümeligen Masse verarbeiten.

2 Das Ei mit dem Wasser verquirlen, zum Teig geben und alles mit den Händen zu einem geschmeidigen Teig zusammendrücken, aber nicht kneten. Diesen auf einer bemehlten Arbeitsfläche dünn ausrollen.

3 Die Förmchen leicht einfetten und aus dem Teig 8 Kreise (etwa 13 cm ø) schneiden. Je ein Förmchen mit einem Teigkreis so auskleiden, daß er etwas über den Rand hinaussteht. Die Teigböden mit einer Gabel einstechen und die Förmchen für etwa 1 Stunde in den Kühlschrank stellen.

4 Inzwischen für den Belag die Pilze in 150 ml heißem Wasser für etwa 30 Minuten einweichen. Die Kartoffeln ungeschält in ungefähr 20 Minuten knapp gar kochen.

5 Die eingeweichten Pilze in ein Sieb schütten, dabei das Einweichwasser auffangen. Die Pilze waschen, abtropfen lassen und in sehr feine Streifen schneiden. Die Schalotten schälen und fein hacken. Den Backofen auf 200 °C vorheizen.

6 Die Schalotten in der Butter glasig dünsten. Die Steinpilze hinzufügen und etwa 1 Minute mitdünsten. Das Pilzeinweichwasser und die Hälfte der Sahne in den Topf gießen. Die Pilze bei schwacher Hitze etwa 10 Minuten offen köcheln lassen.

7 Den Teig auf der untersten Schiene des Ofens etwa 10 Minuten blindbacken (siehe S. 8). Inzwischen die Kartoffeln pellen und in kleine Würfel schneiden. Die Kartoffeln mit den Pilzen behutsam mischen und alles mit Salz, Pfeffer, Paprikapulver und Zitronensaft abschmecken.

8 Die restliche Sahne mit den Eigelben und der Petersilie zu einem Guß verquirlen und diesen mit Salz, Pfeffer und dem Paprikapulver würzen. Die Kartoffel-Pilz-Mischung gleichmäßig auf den etwas abgekühlten Teig verteilen. Den Guß darübergeben.

9 Die Tartes auf der untersten Schiene des Ofens in 15 bis 20 Minuten goldgelb backen. Sie dann vorsichtig aus den Förmchen lösen und mit dem Schnittlauch bestreuen.

REZEPTVARIATION

Statt der relativ teuren Steinpilze können Sie auch getrocknete Pfifferlinge oder Mischpilze für die Tartes verwenden.

GETRÄNKETIP

Dazu schmeckt ein Riesling Steinfeder aus der Wachau.

2 Quiches mit Brokkolisoufflé

Infoblock

- Arbeitszeit: ca. 1 Stunde
- Ruhezeit: ca. 30 Minuten
- Backzeit: ca. 35 Minuten
- Für 8 Förmchen (10 cm ø, 150 ml)
- 4 Portionen
- ca. 410 kcal je Portion

Zutaten

Für den Pastetenteig

200 g Weizenmehl Type 550
70 g weiche Butter
1 TL Salz
1 TL Branntweinessig
70 ml Wasser
etwas Mehl zum Ausrollen
etwas Fett für die Förmchen

Für den Belag

400 g Brokkoli
etwas Salz
3 EL Butter
3 EL Weizenmehl Type 550
100 g Sahne
100 ml Milch
100 g gekochter Schinken
50 g Greyerzer
2 frische Eigelbe
3 EL gemahlene Mandeln
weißer Pfeffer
geriebene Muskatnuß
2 EL Zitronensaft
2 frische Eiweiße
2 Msp. Backpulver

---

1 Für den Teig in einer Schüssel Mehl, Butter in Stückchen, Salz, Essig und das Wasser mischen. Das Ganze anschließend zu einem geschmeidigen Teig verkneten.

---

2 Den Teig auf einer bemehlten Arbeitsfläche dünn ausrollen und Kreise (etwa 15 cm ø) ausstechen. Die Backförmchen einfetten und jeweils mit einem Teigkreis so auskleiden, daß der Teig etwas über den Rand hinaussteht. Die Böden mehrmals mit einer Gabel einstechen. Die Förmchen anschließend für ungefähr 30 Minuten in den Kühlschrank stellen.

---

3 Währenddessen den Brokkoli putzen, in Röschen zerteilen und waschen. Die zarten Stiele schälen und in dünne Scheiben schneiden. Röschen und Stiele in wenig Salzwasser in 8 bis 10 Minuten bißfest kochen. Den Backofen auf 200 °C vorheizen.

---

4 Inzwischen die Butter in einem kleinen Topf aufschäumen lassen. Das Mehl hinzufügen und unter Rühren kurz anschwitzen. Die Mehlschwitze nach und nach unter ständigem Rühren mit der Sahne und der Milch ablöschen. Die Béchamelsauce einmal aufkochen und anschließend beiseite stellen.

---

5 Den Teig auf der untersten Schiene des Ofens etwa 10 Minuten blind backen (siehe S. 8). Den Brokkoli in ein Sieb gießen, abtropfen lassen und 16 kleine Röschen beiseite legen. Das restliche Gemüse fein pürieren.

---

6 Den Schinken in kleine Würfel schneiden. Den Käse fein reiben. Das Gemüsepüree mit Béchamelsauce, Eigelben, Schinken, Käse und Mandeln mischen. Die Masse mit Salz, Pfeffer, Muskat und Zitronensaft kräftig abschmecken.

---

7 Die Eiweiße zusammen mit dem Backpulver zu steifem Schnee schlagen und vorsichtig unter die Brokkolimasse ziehen. Diese in die etwas abgekühlten Förmchen verteilen und jeweils 2 Brokkoliröschen hineindrücken.

---

8 Die Quiches 20 bis 25 Minuten auf der mittleren Schiene backen, dabei die Tür des Backofens nicht öffnen, da sonst die Soufflés zusammenfallen. Anschließend die Quiches vorsichtig aus den Förmchen lösen und sofort servieren.

GETRÄNKETIP

Probieren Sie dazu einen Müller-Thurgau von der Nahe.

PRAKTISCHE TIPS

◆ Am besten gelingen die Quiches in Förmchen mit geraden Wänden.

◆ Als Vorspeise mit einer Miniportion Salat serviert, reichen diese feinen Quiches für 8 Personen.

OLIVEN-SPECK-QUICHES

Infoblock

- Arbeitszeit: ca. 1 Stunde
- Gehzeit: ca. 20 Minuten
- Backzeit: ca. 25 Minuten
- Für 8 Förmchen (10 cm ø, 150 ml)
- 4 Portionen
- ca. 620 kcal je Portion

Zutaten

Für den Hefeteig

100 ml Milch
50 ml Wasser
1 EL Butter oder Margarine
½ Würfel Hefe (ca. 20 g)
200 g Weizenmehl Type 550
½ TL Salz
etwas Fett für die Förmchen
etwas Mehl zum Ausrollen

Für den Belag

100 g geräucherter, durchwachsener Speck
1 TL Olivenöl
1 Zwiebel
1–2 Knoblauchzehen
50 g entsteinte schwarze Oliven
50 g entsteinte grüne Oliven
1 EL frische Rosmarinnadeln
200 g Schafskäse (Feta)
3–5 EL Milch
2 frische Eier
2 EL gehackte Petersilie

1 Für den Teig die Milch, das Wasser und die Butter zusammen in einem Topf lauwarm werden lassen. Die Hefe in die Flüssigkeit einrühren.

2 Das Mehl mit dem Salz mischen, die aufgelöste Hefe hinzufügen und alle Zutaten mit den Knethaken des Handrührgerätes auf niedrigster Stufe zu einem Teig verarbeiten.

3 Den Teig anschließend kurz durchkneten, bis er glatt und geschmeidig ist. Ihn dann zugedeckt etwa 20 Minuten an einem warmen Ort gehen lassen.

4 Inzwischen für den Belag die Zwiebel und den Knoblauch schälen und fein hacken. Den Speck fein würfeln und im Öl knusprig braten. Zwiebel und Knoblauch dazugeben und glasig werden lassen.

5 Den Backofen auf 220 °C vorheizen. Die Oliven bis auf 8 Stück in Scheiben schneiden. Den Rosmarin waschen und bis auf ein paar Nadeln sehr fein hacken. Ganze Oliven und Rosmarinnadeln beiseite legen.

6 Den Schafskäse zerdrücken, mit der Milch und den Eiern glattrühren und mit der Speck-Zwiebel-Masse, den Oliven, dem Rosmarin und der Petersilie gründlich mischen.

7 Die Backförmchen einfetten. Den Teig in acht gleich große Stücke teilen. Die Teigstücke auf einer bemehlten Arbeitsfläche zu Kreisen von etwa 14 cm ø ausrollen und je ein Förmchen mit einem Teigkreis auskleiden.

8 Den Belag gleichmäßig auf die Förmchen verteilen und glattstreichen. Die Quiches auf der untersten Schiene des Ofens in etwa 25 Minuten goldgelb backen.

9 Die restlichen Oliven halbieren oder vierteln. Die Quiches vorsichtig aus den Förmchen lösen und mit den Oliven und den beiseite gelegten Rosmarinnadeln hübsch garnieren.

REZEPTVARIATION

Wenn Sie den kräftigen Geschmack von Schafskäse nicht mögen, können Sie stattdessen dieselbe Menge milden Mozzarella nehmen. Den Käse dann in kleine Würfel schneiden und mit den anderen Zutaten für den Belag mischen.

GETRÄNKETIP

Ich empfehle einen jungen spritzigen Marzemino, eine Rotweinspezialität aus dem Trentino.

FLORENTINERQUICHES

Infoblock

- Arbeitszeit: ca. 50 Minuten
- Backzeit: ca. 35 Minuten
- Für 8 Förmchen (10 cm ø, 150 ml)
- 4 Portionen
- ca. 720 kcal je Portion

Zutaten

Für den Blätterteig

300 g tiefgekühlter Blätterteig
etwas Mehl zum Ausrollen

Für den Belag

600 g frischer Blattspinat
1 Zwiebel
1 EL Butter oder Margarine
etwas Salz
schwarzer Pfeffer
geriebene Muskatnuß
Saft und abgeriebene Schale von ½ unbehandelten Zitrone
2 kleine Fleischtomaten
125 g Mozzarella
100 g Nordseekrabbenfleisch (frisch oder aus der Dose)
2 frische Eier
200 g Sahne

GETRÄNKETIP

Probieren Sie dazu einen Riesling-Winzersekt von der Mosel.

1 Die Blätterteigplatten auf einer Arbeitsfläche nebeneinander auslegen und bei Zimmertemperatur auftauen lassen.

2 Inzwischen den Blattspinat putzen und dabei die groben Stiele entfernen. Die Blätter waschen und abtropfen lassen. Die Zwiebel schälen und fein hacken.

3 Die Butter in einem hohen Topf zerlassen und die Zwiebel darin hellgelb anbraten. Den Spinat in den Topf geben und zugedeckt zusammenfallen lassen. Ihn anschließend in ein Küchentuch geben und gut auspressen. Den Spinat grob hacken und mit Salz, Pfeffer, Muskat und etwas Zitronensaft würzen.

4 Die Fleischtomaten über Kreuz einritzen, für etwa 15 Sekunden in kochendes Wasser geben, dann abschrecken, enthäuten und halbieren. Stengelansätze und Kerne entfernen. Die Tomaten in kleine Würfel schneiden. Den Mozzarella ebenfalls kleinwürfeln.

5 Den Backofen auf 200 °C vorheizen. Die Blätterteigplatten auf einer bemehlten Arbeitsfläche übereinanderlegen und dünn ausrollen. Aus dem Teig 8 Kreise (etwa 13 cm ø) ausstechen.

6 Die Backförmchen mit kaltem Wasser ausspülen. Je einen Teigkreis in ein Förmchen legen und die Ränder andrücken.

7 Den Spinat mit den Tomaten, dem Mozzarella, den Krabben und der Zitronenschale vermengen. Die Mischung mit Salz, Pfeffer und Muskat abschmecken, auf die Förmchen verteilen und glattstreichen.

8 Die Eier mit der Sahne kräftig verrühren und mit Salz, Pfeffer sowie Zitronensaft abschmecken. Den Guß auf den Belag gießen.

9 Die Quiches auf der untersten Schiene des Backofens in etwa 30 Minuten goldgelb backen. Sie vorsichtig aus den Förmchen lösen und heiß servieren.

PRAKTISCHER TIP

Benutzen Sie für das Rezept unbedingt Quicheförmchen mit geraden Wänden, weil sonst der Blätterteig in den Rillen hängenbleibt.

REZEPTVARIATIONEN

◆ Anstelle des frischen Spinats können Sie auch TK-Blattspinat verwenden, den Sie nach Packungsanweisung auftauen lassen und anschließend grob hacken. Geben Sie nun die angebratene Zwiebel hinzu und würzen das Ganze (siehe Schritt 3).

◆ Statt der Krabben können Sie auch die gleiche Menge in kleine Würfel geschnittenen frischen oder geräucherten Fisch verwenden.

◆ Wenn Sie weder Krabben noch Fisch mögen, mischen Sie statt dessen 100 g kleine Stückchen von gekochtem Geflügel (Puten- oder Hähnchenfleisch) unter den Belag.

Kohlrabitörtchen

Infoblock

- Arbeitszeit: ca. 50 Minuten
- Ruhezeit: ca. 30 Minuten
- Backzeit: ca. 40 Minuten
- Für 8 Förmchen (10 cm ø, 150 ml)
- 4 Portionen
- ca. 620 kcal je Portion

Zutaten

Für den Mürbeteig

200 g Weizenmehl Type 550
1 EL feingehackte Petersilie
½ TL Salz
100 g kalte Butter
1 frisches Eigelb
3 EL kaltes Wasser
etwas Mehl zum Ausrollen
etwas Fett für die Förmchen

Für den Belag

600 g junge Kohlrabi
etwas Salz
weißer Pfeffer
100 g Gorgonzola
200 g Joghurt
2 frische Eier
einige Petersilienblättchen
zum Garnieren

1 Für den Teig Mehl, Petersilie, Salz, die Butter in kleinen Stückchen, Eigelb und kaltes Wasser zu einem glatten Teig verkneten.

2 Den Teig auf einer bemehlten Arbeitsfläche dünn ausrollen und 8 Kreise (etwa 13 cm ø) ausschneiden. Die Förmchen einfetten, jeweils einen Teigkreis hineinlegen, die Ränder festdrücken und die Böden mit einer Gabel mehrmals einstechen. Die Förmchen für etwa 30 Minuten kalt stellen.

3 Inzwischen für den Belag die Kohlrabiknollen schälen, putzen und vierteln. Die zarten Blättchen abspülen und fein hacken. Die Kohlrabiviertel in hauchdünne Scheiben schneiden. Die Kohlrabischeiben und die Blättchen mischen, leicht salzen und pfeffern.

4 Den Backofen auf 200 °C vorheizen. Den Gorgonzola zuerst mit einer Gabel zerdrücken, dann mit dem Joghurt und den Eiern zu einem Guß verrühren.

5 Den Teig auf der untersten Schiene des Ofens für etwa 10 Minuten blindbacken (siehe S. 8) und anschließend etwas abkühlen lassen.

6 Die Kohlrabischeiben gleichmäßig in die Förmchen schichten und den Gorgonzolaguß darübergeben. Die Törtchen auf der untersten Schiene in etwa 30 Minuten goldgelb backen. Sie vor dem Servieren vorsichtig aus den Förmchen lösen und mit den gewaschenen Petersilienblättchen bestreuen.

Praktischer Tip

Es ist wichtig, daß die Kohlrabischeiben wirklich hauchdünn sind, weil sie sonst nicht gar werden. Am schnellsten geht das Schneiden, wenn Sie einen Gurkenhobel benutzen.

Getränketip

Ich empfehle einen Sancerre aus dem Loire-Gebiet.

2 QUICHES MIT VIERERLEI KÄSE

Infoblock

- Arbeitszeit: ca. 50 Minuten
- Ruhezeit: ca. 30 Minuten
- Backzeit: ca. 25 Minuten
- Für 8 Briocheförmchen (8 cm ø, 50 ml)
- 4 Portionen
- ca. 520 kcal je Portion

Zutaten

Für den Quark-Öl-Teig

150 g Weizenmehl Type 550
¼ TL Salz
½ TL Backpulver
75 g Magerquark
3 EL Milch
2 EL Öl
etwas Fett für die Förmchen
etwas Mehl zum Ausrollen

Für den Belag

125 g Mozzarella
100 g Schnittkäse aus Schafsmilch
50 g Blauschimmelkäse
50 g Parmesan
2 frische Eigelbe
100 ml Milch
2 EL feingehackte Petersilie
schwarzer Pfeffer
Paprikapulver rosenscharf
etwas Salz

1 Für den Teig das Mehl mit Salz und Backpulver mischen. Den Quark, die Milch und das Öl dazugeben und alles zu einem geschmeidigen Teig verkneten.

2 Die Backförmchen einfetten. Den Teig auf einer bemehlten Arbeitsfläche dünn ausrollen und 8 Teigkreise (etwa 11 cm ø) ausschneiden. Die Förmchen mit je einem Kreis so auslegen, daß der Teig etwas über den Rand hinaussteht, und etwa 30 Minuten kalt stellen.

3 Für den Belag den Mozzarella und den Schnittkäse in kleine Würfel schneiden. Den Blauschimmelkäse mit einer Gabel fein zerdrücken und den Parmesan fein reiben. Den Backofen auf 200 °C vorheizen.

4 Die Eigelbe mit der Milch verquirlen. Alle Käsesorten und die Petersilie gründlich unter die Eiermilch mischen. Die Käsemasse mit Pfeffer, Paprika und Salz würzen.

5 Die Käsemasse gleichmäßig auf die mit Teig ausgelegten Förmchen verteilen. Die Quiches auf der untersten Schiene des Ofens in 20 bis 25 Minuten goldgelb backen. Sie dann vorsichtig aus den Förmchen heben und heiß servieren.

REZEPTVARIATION

Mischen Sie 30 g Walnüsse, nach Geschmack gemahlen oder fein gehackt, unter die Käsemasse.

PRAKTISCHER TIP

Als Schnittkäse aus Schafsmilch eignet sich ein spanischer Manchego sehr gut. Als Blauschimmelkäse können Sie zum Beispiel einen Gorgonzola und anstelle des Parmesan einen Grana Padano verwenden.

GETRÄNKETIP

Sie können wählen zwischen einem Weiß- oder einem Rotwein. Als weißen empfehle ich einen Nosiola aus dem Trentino, als roten einen fruchtigen Chianti Classico aus der Toskana.

LACHSSCHIFFCHEN

Infoblock

- Arbeitszeit: ca. 50 Minuten
- Ruhezeit: ca. 30 Minuten
- Backzeit: ca. 25 Minuten
- Für 12 Schiffchenformen (je 50 ml Inhalt)
- 4 Portionen
- ca. 570 kcal je Portion

Zutaten

Für den Pastetenteig

200 g Weizenmehl Type 405
80 g kalte Butter
½ TL Salz
1 TL Branntweinessig
80 ml kaltes Wasser
etwas Fett für die Förmchen
etwas Mehl zum Ausrollen

Für den Belag

200 g Lachsfilet
etwas Salz
weißer Pfeffer
1 EL Zitronensaft
3 Frühlingszwiebeln
2 Dillzweige
1 EL Estragonblättchen
1 frisches Ei
100 g Crème fraîche
2 TL scharfer Senf

GETRÄNKETIP

Dazu paßt ein halbtrockener Riesling aus dem Rheingau.

1 Für den Teig Mehl, kalte Butter in Stückchen, Salz, Essig und kaltes Wasser in einer Schüssel verrühren. Das Ganze anschließend zu einem geschmeidigen Teig verkneten.

2 Den Teig auf einer bemehlten Arbeitsfläche dünn ausrollen. Die Förmchen einfetten und dicht nebeneinander stellen.

3 Den Teig um das Nudelholz wickeln und locker auf die Förmchen legen. Dann mit dem Nudelholz so darüberrollen, daß der Teig an den Formrändern abgetrennt wird (anhaftenden Teig mit einem Messer abschneiden).

4 Den Teig behutsam in die Förmchen drücken, dabei den Rand ganz hochdrücken. Die Förmchen für etwa 30 Minuten kalt stellen.

5 Den Lachs kurz abspülen, gut trockentupfen und in kleine Würfel schneiden. Mit Salz, Pfeffer und Zitronensaft würzen und zugedeckt 15 Minuten marinieren lassen. Den Backofen auf 200 °C vorheizen.

6 Den Teig auf der untersten Schiene etwa 10 Minuten blindbacken (siehe S. 8). Inzwischen die Frühlingszwiebeln putzen, waschen und in sehr feine Scheiben schneiden. Die Kräuter waschen und trockentupfen. Vom Dill 12 schöne Spitzen beiseite legen, den restlichen Dill und den Estragon fein schneiden.

7 Die Lachswürfel mit den Frühlingszwiebeln und den Kräutern mischen und in die etwas abgekühlten Förmchen geben.

8 Das Ei mit der Crème fraîche und dem Senf verrühren und mit Salz und Pfeffer würzen. Das Ganze auf den Lachsbelag geben. Die Törtchen auf der untersten Schiene des Ofens etwa 20 Minuten backen, bis die Oberfläche goldgelb ist.

9 Die Lachsschiffchen aus den Förmchen lösen und vor dem Servieren mit dem Dill garnieren.

PRAKTISCHER TIP

Schön sieht es aus, wenn Sie die Schiffchen zusammen mit einem kleinen Salat aus zartem Frisée und winzig gewürfelten Tomaten auf Tellern anrichten. Dazu paßt eine Vinaigrette besonders gut.

TÖRTCHEN KÖNIGSBERGER ART

Infoblock

- Arbeitszeit: ca. 1 Stunde
- Ruhezeit: ca. 30 Minuten
- Backzeit: ca. 40 Minuten
- Für 8 Förmchen (10 cm ø, 150 ml)
- 4 Portionen
- ca. 610 kcal je Portion

Zutaten

Für den Pastetenteig

200 g Weizenmehl Type 550
70 g kalte Butter
1 TL Salz
1 TL Branntweinessig
60 ml kaltes Wasser
etwas Mehl zum Ausrollen
etwas Fett für die Förmchen

Für den Belag

2 Zwiebeln
3 Pimentkörner
1 TL Butter
¼ l Fleischbrühe
1 Lorbeerblatt
500 g Kalbs- oder Rinderhackfleisch
150 g saure Sahne
3 EL kleine Kapern
4 EL gehackte Petersilie
3 frische Eier
abgeriebene Schale und Saft von ½ unbehandelten Zitrone
etwas Salz
schwarzer Pfeffer

1 Für den Teig Mehl, Butter in Stückchen, Salz, Essig und das kalte Wasser schnell zu einem glatten Teig verkneten.

2 Den Teig auf einer bemehlten Arbeitsfläche dünn ausrollen und 8 Kreise (etwa 15 cm ø) ausschneiden. Die Backförmchen einfetten und mit je einem Teigkreis auslegen. Die Teigränder andrücken und die Böden mit einer Gabel mehrmals einstechen. Die Förmchen für etwa 30 Minuten kalt stellen.

3 Inzwischen für den Belag die Zwiebeln schälen und fein hacken. Die Pimentkörner zerdrücken. Die Zwiebeln in der Butter hellgelb dünsten. Die Fleischbrühe, das Lorbeerblatt und die Pimentkörner dazugeben und alles etwa 5 Minuten köcheln lassen.

4 Den Backofen auf 225 °C vorheizen. Das Hackfleisch in die Brühe geben und etwa 5 Minuten köcheln lassen. Dann die Hackfleischmasse in ein feines Sieb geben und gut abtropfen lassen.

5 Die Backförmchen je zu viert ineinanderstellen. Die Teigböden der obersten Förmchen mit Backpapier auslegen und zum Blindbacken mit Hülsenfrüchten belegen (siehe S. 8). Den Teig auf der untersten Schiene des Ofens etwa 10 Minuten vorbacken.

6 Inzwischen das Lorbeerblatt aus dem Hackfleisch entfernen. Das Fleisch mit der sauren Sahne, den Kapern, 3 Eßlöffeln Petersilie, den Eiern und der Zitronenschale gründlich mischen. Es mit Salz, Pfeffer und Zitronensaft kräftig und zugleich leicht säuerlich abschmecken.

7 Die Hülsenfrüchte und das Backpapier aus den Förmchen entfernen. Die Böden in den Förmchen etwas abkühlen lassen. Dann die Hackfleischmasse darauf verteilen.

8 Die Törtchen auf der untersten Schiene in 25 bis 30 Minuten goldbraun backen. Sie vor dem Servieren vorsichtig aus den Förmchen lösen und mit Petersilie bestreuen.

GETRÄNKETIP

Dazu paßt ein Montepulciano aus den Abruzzen.

KÜRBISTARTELETTS

Infoblock

- Arbeitszeit: ca. 1 Stunde
- Ruhezeit: ca. 30 Minuten
- Backzeit: ca. 30 Minuten
- Für 8 Förmchen (10 cm ø, 150 ml)
- 4 Portionen
- ca. 800 kcal je Portion

Zutaten

Für den Strudelteig

50 g Butter
200 g Weizenmehl Type 550
1 Msp. Salz
100 ml lauwarmes Wasser
etwas Mehl zum Ausrollen

Für den Belag

1 kg orangefarbener Kürbis
etwas Salz
2 Zwiebeln
2 Knoblauchzehen
250 g frische, grobe Schweinsbratwurst
1 EL Öl
schwarzer Pfeffer
75 g Greyerzer
100 g Crème fraîche
3 frische Eier
etwas Zitronensaft
2 EL Kürbiskerne ohne Schale
2 Basilikumzweige

1 Für den Teig die Butter schmelzen lassen. Das Mehl mit dem Salz, der abgekühlten Butter (bis auf 1 Eßlöffel) und dem Wasser zu einem glatten und geschmeidigen Teig verkneten. Diesen Teig in Frischhaltefolie einwickeln und etwa 30 Minuten ruhen lassen.

2 Inzwischen den Kürbis schälen, entkernen und in kleine Stücke schneiden. Diese in möglichst wenig Salzwasser in ungefähr 10 Minuten weichgaren.

3 Währenddessen die Zwiebeln und den Knoblauch schälen und fein hacken. Das Bratwurstbrät aus der Pelle lösen, mit einer Gabel zerdrücken und im Öl kräftig anbraten. Das ausgetretene Fett abschöpfen. Die Zwiebeln und den Knoblauch unter das Brät mischen und etwa 1 Minute mitbraten. Die Wurstmasse salzen und pfeffern.

4 Den Kürbis in ein Sieb geben und abtropfen lassen. Die Kürbisstücke mit einer Gabel oder mit einem Kartoffelstampfer grob zerdrücken.

5 Den Backofen auf 200 °C vorheizen. Die Backförmchen mit etwas von der restlichen flüssigen Butter ausstreichen. Den Teig auf einer bemehlten Arbeitsfläche dünn ausrollen und daraus 8 Quadrate (etwa 14 cm Seitenlänge) schneiden. Diese in die Förmchen legen.

6 Den Käse fein reiben. Das Kürbismus mit der Brätmasse, der Crème fraîche, den Eiern und dem Käse gründlich mischen. Das Ganze mit Salz, Pfeffer und Zitronensaft kräftig abschmecken.

7 Die Kürbismasse in die mit Teig ausgelegten Förmchen geben. Die überstehenden Teigspitzen nach innen zu kleinen Wülsten rollen und mit der restlichen flüssigen Butter bestreichen. Die Tarteletts auf der untersten Schiene des Ofens in etwa 30 Minuten goldgelb backen.

8 Inzwischen die Kürbiskerne grob hacken. Das Basilikum abspülen, trockentupfen und die Blätter in feine Streifen schneiden. Die Tarteletts vorsichtig aus den Förmchen lösen und vor dem Servieren mit Kürbiskernen und Basilikumstreifen schön bestreuen.

REZEPTVARIATION

Die Schweinsbratwurst läßt sich gut gegen dieselbe Menge gemischtes Hackfleisch oder gewürfelten Speck austauschen.

PRAKTISCHER TIP

Für das Rezept können Sie jede Kürbisart verwenden. Der Muskatkürbis ist wegen seines kräftigen Orangetones besonders geeignet. Muskatkürbis gibt es überwiegend aus Frankreich, Spanien und der Türkei.

GETRÄNKETIP

Probieren Sie dazu einen Schilcher, er ist eine Weinspezialität aus der Steiermark.

PAPAYA-TOMATEN-TARTES

Infoblock

- **Arbeitszeit: ca. 50 Minuten**
- **Ruhezeit: ca. 30 Minuten**
- **Backzeit: ca. 30 Minuten**
- **Für 8 Förmchen (10 cm ø, 150 ml)**
- **4 Portionen**
- **ca. 750 kcal je Portion**

Zutaten

Für den Kokosteig

200 g Weizenmehl Type 405
3 EL Kokosraspel
¼ TL Salz
100 g weiche Butter
1 frisches Ei
3 EL kaltes Wasser
etwas Mehl zum Ausrollen
etwas Fett für die Förmchen

Für den Belag

1 Papaya (ca. 400 g)
etwas Zitronensaft
weißer Pfeffer
300 g Tomaten
etwas Salz
1 Bund Frühlingszwiebeln
150 g geräucherte Hähnchenbrust
150 g Sahne
2 frische Eier
2 EL Kokosraspel
1 TL Currypulver

1 Für den Teig das Mehl mit den Kokosraspeln und dem Salz mischen. Die Butter in Stückchen hinzufügen. Die Zutaten mit den Rührbesen des Handrührgerätes zu einer krümeligen Masse verarbeiten.

2 Das Ei mit dem Wasser verquirlen, unter die krümelige Masse rühren und alles mit den Händen zu einem geschmeidigen Teig zusammendrücken, aber nicht kneten.

3 Den Teig auf einer bemehlten Arbeitsfläche dünn ausrollen und daraus 8 Kreise (etwa 13 cm ø) ausschneiden. Je ein Backförmchen einfetten, mit einem Teigkreis auslegen und dabei die Ränder andrücken. Die Förmchen für etwa 30 Minuten kalt stellen.

4 Inzwischen die Papaya schälen und der Länge nach vierteln. Die schwarzen Kerne und groben Fasern mit einem Löffel entfernen. Die Viertel in ½ cm dicke Scheiben schneiden, mit etwas Zitronensaft beträufeln und pfeffern. Den Backofen auf 200 °C vorheizen.

5 Die Tomaten waschen, putzen, in Scheiben schneiden, salzen und pfeffern. Die Frühlingszwiebeln putzen, waschen und in sehr feine Scheiben schneiden. 2 Eßlöffel davon zum Garnieren beiseite legen. Die Hähnchenbrust in schmale Streifen schneiden.

6 Den Teig auf der untersten Schiene des Backofens etwa 10 Minuten blindbacken (siehe S. 8). Inzwischen die Sahne mit den Eiern, den Kokosraspeln und dem Curry zu einem Guß verrühren. Diesen mit Salz, Pfeffer und Zitronensaft kräftig abschmecken.

7 Die Papaya, die Tomaten, die Frühlingszwiebeln und das Geflügelfleisch dekorativ in die etwas abgekühlten Förmchen geben und mit dem Guß knapp bedecken.

8 Die Tartes auf der untersten Schiene des Ofens etwa 20 Minuten backen, bis der Guß fest ist. Die Tartes vor dem Servieren vorsichtig aus den Förmchen lösen und mit den restlichen Frühlingszwiebeln bestreuen.

GETRÄNKETIP

Dazu paßt ein Frühroter Veltliner aus Niederösterreich.

PRAKTISCHER TIP

Papayas gibt es inzwischen ganzjährig bei uns zu kaufen. Die richtige Reife für dieses Gericht haben sie, wenn die ledrige Schale auf sanften Druck ein wenig nachgibt.

Zucchini-Möhren-Quiches

Infoblock

- Arbeitszeit: ca. 1 Stunde
- Gehzeit: ca. 20 Minuten
- Backzeit: ca. 20 Minuten
- Für 8 Förmchen (10 cm ø, 150 ml)
- 4 Portionen
- ca. 700 kcal je Portion

Zutaten

Für den Hefeteig

75 ml Milch
1 EL Butter oder Margarine
50 ml Wasser
½ Würfel Hefe (ca. 20 g)
200 g Weizenmehl Type 550
½ TL Salz
1 TL Paprikapulver edelsüß
etwas Mehl zum Ausrollen
etwas Fett für die Förmchen

Für den Belag

200 g dünne Zucchini
200 g dünne Möhren
etwas Salz
100 g geräucherter Speck
2 mittelgroße Zwiebeln
2–3 Knoblauchzehen
2 EL Olivenöl
weißer Pfeffer
75 g Emmentaler
2 Zweige Zitronenmelisse
100 g Crème fraîche
2 frische Eier

1 Für den Teig die Milch zusammen mit dem Fett und dem Wasser in einem Töpfchen lauwarm werden lassen. Die zerbröckelte Hefe in die Flüssigkeit einrühren.

2 Das Mehl mit Salz und Paprikapulver mischen, die aufgelöste Hefe dazugießen und alles zu einem elastischen Teig verkneten. Diesen zugedeckt an einem warmen Ort für etwa 20 Minuten gehen lassen.

3 Inzwischen für den Belag die Zucchini und die Möhren putzen, waschen und in dünne Scheiben schneiden. Die Zucchinischeiben in kochendem Salzwasser etwa 2 Minuten, die Möhrenscheiben etwa 3 Minuten blanchieren. Beides eiskalt abschrecken und gut abtropfen lassen.

4 Den Speck fein würfeln. Die Zwiebeln und die Knoblauchzehen schälen und fein hacken. Den Speck im Öl glasig braten. Die Zwiebeln und den Knoblauch hinzufügen und unter Rühren kurz mitbraten.

5 Den Backofen auf 225 °C vorheizen. Die Zucchini und die Möhren salzen und pfeffern. Den Käse fein reiben. 2 Zweige Zitronenmelisse abspülen, die Blätter abzupfen, in Streifen schneiden und unter die Speck-Zwiebel-Masse mischen.

6 Den Teig auf einer bemehlten Arbeitsfläche ausrollen und 8 Kreise (etwa 14 cm ø) ausschneiden. Die Backförmchen einfetten und mit den Teigkreisen auskleiden.

7 Für den Guß die Crème fraîche mit den Eiern verrühren und mit Salz und Pfeffer kräftig würzen. Zuerst den Käse, bis auf 1 gehäuften Eßlöffel, dann die Speck-Zwiebel-Masse gleichmäßig auf dem Teig verteilen und glätten. Die Gemüsescheiben abwechselnd kreisförmig darauf legen.

8 Den Guß auf die Zutaten in die Förmchen gießen und alles mit dem restlichen Käse bestreuen. Die Quiches auf der untersten Schiene des Ofens in etwa 20 Minuten goldgelb backen. Sie vor dem Servieren mit Zitronenmelisse garnieren.

Rezeptvariation

Das Gemüse läßt sich je nach Jahreszeit austauschen (zum Beispiel durch Erbsen, Bohnen oder Brokkoli). Sie können nur eine Sorte oder auch eine bunte Gemüsemischung nehmen.

Getränketip

Ich empfehle einen weißen Vin de Sables (Sandwein).

BLUMENKOHL-BROKKOLI-TARTE

Infoblock

- Arbeitszeit: ca. 1 Stunde
- Ruhezeit: ca. 30 Minuten
- Backzeit: ca. 35 Minuten
- Für 1 Springform (26–28 cm ø)
- 4 Portionen
- ca. 900 kcal je Portion

Zutaten

Für den Erdnußteig

75 g ungesalzene Erdnüsse
200 g Weizenmehl Type 550
½ TL Salz
1 kleines, frisches Ei
100 g kalte Butter
etwas Fett für die Form
etwas Mehl zum Ausrollen

Für den Belag

300 g Blumenkohl
300 g Brokkoli
Saft und 1 TL abgeriebene Schale von ½ unbehandelten Zitrone
etwas Salz
weißer Pfeffer
100 g durchwachsener Speck
1 Bund Kerbel
½ Bund Dill
125 g Sahne
⅛ l Milch
3 frische Eier
geriebene Muskatnuß

1 Die Erdnüsse in eine Plastiktüte füllen und mit dem Nudelholz fein zerdrücken. Anschließend die Nüsse mit Mehl, Salz, dem Ei und der kleingeschnittenen Butter mischen. Die Zutaten zu einem Teig verkneten.

2 Die Springform einfetten. Den Teig auf einer bemehlten Arbeitsfläche dünn ausrollen. Boden und Rand der Form mit dem Teig auskleiden und den Boden mit einer Gabel mehrmals einstechen. Die Form für etwa 30 Minuten kalt stellen.

3 Inzwischen den Blumenkohl und den Brokkoli putzen, waschen und in kleine Röschen zerteilen. Zarte Brokkolistiele dünn schälen und in Scheiben schneiden.

4 Die Röschen und die Stiele 2 bis 3 Minuten in reichlich Wasser zusammen mit dem Zitronensaft kochen, anschließend abgießen, abschrecken und gut abtropfen lassen. Sie salzen und pfeffern. Den Ofen auf 200 °C vorheizen.

5 Den Speck in kleine Würfel schneiden und in einer Pfanne ohne Fettzugabe anbraten. Die Kräuter waschen und trockentupfen. Ein paar Kerbelblättchen beiseite legen, die restlichen fein hacken. Den Dill fein schneiden.

6 Die Sahne mit Milch, Eiern, Kräutern und der Zitronenschale verrühren. Das Ganze mit Salz, Pfeffer und Muskat kräftig abschmecken.

7 Das Gemüse und den Speck auf dem Teig verteilen und die Eiermilch darübergießen. Die Tarte auf der untersten Schiene des Ofens etwa 35 Minuten backen. Falls nötig, die Tarte kurz vor Ende der Garzeit mit Pergamentpapier abdecken.

8 Die Tarte vor dem Anschneiden noch kurz stehen lassen. Sie dann mit den restlichen Kerbelblättchen bestreuen.

REZEPTVARIATION

Statt des Kerbels können Sie auch glatte Petersilie oder gemischte Kräuter verwenden.

PRAKTISCHER TIP

Vor dem Blanchieren können Sie den unzerteilten Blumenkohl und Brokkoli für 3 Minuten in Salzwasser legen, um eventuell vorhandenes Ungeziefer aus den Röschen zu lösen. Das Gemüse nach dem Salzbad kalt abbrausen.

GETRÄNKETIP

Probieren Sie dazu einen Gutedel aus dem Badischen.

FEURIGER PAPRIKAKUCHEN

Infoblock

- Arbeitszeit: ca. 50 Minuten
- Ruhezeit: ca. 30 Minuten
- Backzeit: ca. 50 Minuten
- Für 1 Springform (28 cm ø)
- 4 Portionen
- ca. 850 kcal je Portion

Zutaten

Für den Mürbeteig

250 g Weizenmehl Type 550
½ TL Salz
1 TL Paprikapulver rosenscharf
100 g kalte Butter
1 frisches Ei
etwas Mehl zum Ausrollen
etwas Fett für die Form

Für den Belag

je 1 rote, grüne und gelbe Paprikaschote (ca. 600 g)
2 frische Peperoni
1 Knoblauchzehe
2 EL Öl
200 g gekochter Schinken
500 g Magerquark
2 EL Dijon-Senf
4 frische Eier
etwas Salz
weißer Pfeffer
Cayennepfeffer
2–3 EL Zitronensaft
1 Bund Schnittlauch

1 Für den Teig das Mehl mit den Gewürzen mischen. Die Butter in Flöckchen und das Ei hinzufügen und alles mit den Knethaken des Handrührgerätes kurz zu einem glatten Teig verarbeiten.

2 Den Mürbeteig auf einer bemehlten Arbeitsfläche dünn ausrollen. Die Form einfetten, mit dem Teig auslegen und einen etwa 4 cm hohen Rand formen. Den Teig mit einer Gabel mehrmals einstechen und etwa 30 Minuten kalt stellen.

3 Inzwischen die Paprikaschoten vierteln, die Stengelansätze und die Kerne entfernen. Die Schoten gut waschen und in dünne Streifen schneiden. Die Peperoni putzen, waschen und in sehr feine Ringe schneiden. Den Knoblauch schälen und fein würfeln. Das Gemüse im Öl etwa 2 Minuten anbraten, dann salzen und pfeffern.

4 Den Ofen auf 200 °C vorheizen. Den Schinken in feine Streifen schneiden. Den Teig auf der untersten Schiene des Backofens etwa 10 Minuten blindbacken (siehe S. 8) und anschließend etwas abkühlen lassen (wenn Sie getrocknete Erbsen oder Bohnen zum Blindbacken verwendet haben, können Sie diese beim nächsten Mal wiederverwenden).

5 Inzwischen den Quark mit dem Senf und den Eiern zu einer glatten Masse verrühren. Das Ganze mit Salz, Pfeffer, Cayennepfeffer und Zitronensaft kräftig würzen. Das angebratene Gemüse und den Schinken unter die Quarkmasse mischen.

6 Den Belag auf den Boden geben und glattstreichen. Den Kuchen auf der untersten Schiene etwa 40 Minuten backen, bis der Guß fest ist. Den Schnittlauch waschen, trockentupfen und in feine Röllchen schneiden und auf den Paprikakuchen streuen.

REZEPTVARIATION

Paprika und Salami harmonieren auch gut miteinander. Tauschen Sie den Schinken gegen dieselbe Menge Salami aus.

PRAKTISCHER TIP

Wenn Sie keine frischen Peperoni bekommen können, würzen Sie den Kuchen einfach mit etwas mehr Cayennepfeffer.

GETRÄNKETIP

Zu diesem Kuchen mit leichter Schärfe schmeckt ein Bier, zum Beispiel ein herbes Pils, besonders gut.

KARTOFFEL-APFEL-TORTE

Infoblock

- **Arbeitszeit: ca. 50 Minuten**
- **Backzeit: ca. 45 Minuten**
- **Für 1 runde Form (26 cm ø)**
- **4 Portionen**
- **ca. 950 kcal je Portion**

Zutaten

Für den Quark-Öl-Teig

200 g Weizenmehl Type 405
½ TL Salz
1 TL Backpulver
100 g Magerquark
4 EL Milch
4 EL Öl
etwas Mehl zum Ausrollen
etwas Fett für die Form

Für den Belag

3 Majoranzweige
4 kleine, festkochende Kartoffeln
300 g magerer Schweinebauch ohne Schwarte
3 kleine Zwiebeln
2 kleine säuerliche Äpfel (z. B. Boskop)
1 EL Öl
etwas Salz
schwarzer Pfeffer
50 g mittelalter Gouda
100 g Sahne
50 ml Milch
2 frische Eier

1 Den Backofen auf 200 °C vorheizen. Für den Teig das Mehl mit Salz und Backpulver mischen. Quark, Milch und Öl hinzufügen und alles schnell zu einem elastischen Teig verkneten.

2 Den Teig auf einer nur leicht bemehlten Arbeitsfläche etwas größer als die Form ausrollen. Die Form einfetten und mit dem Teig auslegen. Ringsum einen gut 3 cm hohen Rand hochziehen. Den Teig auf der mittleren Schiene des Backofens etwa 15 Minuten blindbacken (siehe S. 8).

3 Inzwischen den Majoran waschen, trockentupfen, die Blättchen abzupfen und 1 Eßlöffel davon für die Füllung abzupfen. Die ungeschälten Kartoffeln zusammen mit dem restlichen Majoran im Wasser knapp gar kochen. Den Schweinebauch in Würfel schneiden. Die Zwiebeln schälen und würfeln. Die Äpfel schälen, vierteln, entkernen und würfeln.

4 Den Schweinebauch im heißen Öl knusprig braten. Zwiebeln und Äpfel hinzufügen und goldgelb braten. Das Ganze salzen und pfeffern. Die Majoranblättchen daruntermischen.

5 Den Käse grob reiben. Die Kartoffeln pellen und vierteln. Sie dekorativ auf dem Teig anordnen und pfeffern. In die Zwischenräume die Zwiebel-Apfel-Mischung geben.

6 Sahne mit Milch und Eiern verrühren, mit Salz und Pfeffer kräftig würzen und über die Zutaten in der Form gießen. Anschließend den Käse gleichmäßig darauf verteilen. Die Torte auf der untersten Schiene des Ofens etwa 30 Minuten backen, bis die Oberfläche eine goldgelbe Farbe hat.

REZEPTVARIATION

Wenn Sie lieber einen kräftigeren Käse mögen, probieren Sie dieses Rezept einmal mit einem Blauschimmelkäse (z. B. Gorgonzola), der dann in kleine Würfel geschnitten wird.

BEILAGENTIP

Dazu paßt ein Salat aus verschiedenen Blattsalaten und hauchdünnen, knackigen Radieschenscheiben mit einer Kräuter-Joghurt-Sauce.

GETRÄNKETIP

Mit den Geschmacksnuancen der Torte verträgt sich ein Grüner Veltliner aus dem österreichischen Weinbaugebiet Wachau vorzüglich.

MAKRELENQUICHE

Infoblock

- **Arbeitszeit: ca. 1½ Stunden**
- **Backzeit: ca. 35 Minuten**
- **Für 1 runde Form (28 cm ø)**
- **4 Portionen**
- **ca. 900 kcal je Portion**

Zutaten

Für den Blätterteig

450 g tiefgekühlter Blätterteig
etwas Mehl zum Ausrollen

Für den Belag

1 Beutel Fischgewürz
2 TL Salz
3 küchenfertige frische Makrelen à ca. 300 g
400 g Tomaten
1 Möhre
2–3 Knoblauchzehen
1 kaltes, frisches Eiweiß
150 g kalte Sahne
Saft und abgeriebene Schale von ½ unbehandelten Zitrone
etwas Salz
weißer Pfeffer
2 EL Olivenöl
4 EL gemischte feingehackte Kräuter (z. B. Petersilie, Schnittlauch)

1 Die Blätterteigplatten nebeneinander auf die Arbeitsplatte legen und auftauen lassen. Inzwischen in einem großen Topf 2½ l Wasser zusammen mit dem Fischgewürz und dem Salz aufkochen lassen. Die Makrelen kalt abspülen, in den Sud legen und bei milder Hitze in 12 bis 15 Minuten zugedeckt garziehen lassen.

2 Inzwischen den Backofen auf 175 °C vorheizen. Die Tomaten über Kreuz einritzen, für etwa 15 Sekunden in kochendes Wasser geben, abschrecken, enthäuten, halbieren und entkernen. Das Tomatenfleisch in kleine Stücke schneiden. Die Möhre und den Knoblauch schälen, die Möhre klein würfeln.

3 Die Fische aus dem Sud heben und etwas abkühlen lassen. Kopf, Haut und Gräten entfernen. Die Hälfte der Fischfilets zusammen mit dem Eiweiß und der Sahne fein pürieren und mit der Zitronenschale und dem -saft sowie Salz und Pfeffer würzen. Alles kalt stellen.

4 Die Blätterteigplatten übereinanderlegen und etwas größer als die Form ausrollen. Die Backform mit kaltem Wasser ausspülen. Den Boden und den Rand der Form mit dem Teig auskleiden. Diesen etwa 10 Minuten auf der mittleren Schiene hellgelb vorbacken, danach kurz abkühlen lassen. Die Ofentemperatur auf 200 °C hochschalten.

5 Tomaten und Möhre zusammen im Olivenöl etwa 3 Minuten andünsten. Den Knoblauch durch die Presse dazudrücken. Die Gemüsemischung vom Herd nehmen, 3 Eßlöffel der Kräuter daruntermischen und das Gemüse mit Salz und Pfeffer abschmecken. Die restlichen Makrelenfilets in mundgerechte Stücke schneiden.

6 Das Makrelenpüree auf dem Boden glattstreichen. Die Filetstücke darauflegen und das Tomatengemüse darauf verteilen.

7 Die Quiche auf der untersten Schiene des Backofens 20 bis 25 Minuten backen. Sie kurz vor dem Servieren mit den restlichen Kräutern bestreuen.

REZEPTVARIATION

Die Quiche können Sie kalorienärmer zubereiten, wenn Sie statt des Blätterteigs einen geriebenen Hefeteig verwenden (siehe S. 44).

GETRÄNKETIP

Probieren Sie zur Makrelenquiche einen kräftigen Weißwein; entweder einen Silvaner aus Franken oder einen Rioja aus Spanien.

QUICHE LORRAINE

Infoblock

- Arbeitszeit: ca. 50 Minuten
- Ruhezeit: ca. 30 Minuten
- Backzeit: ca. 40 Minuten
- Für 1 runde Form (26–28 cm ø)
- 4 Portionen
- ca. 1200 kcal je Portion

Zutaten

Für den Mürbeteig

250 g Weizenmehl Type 405
½ TL Salz
125 g kalte Butter
4 EL Wasser
etwas Mehl zum Ausrollen
etwas Fett für die Form

Für den Belag

200 g gekochter Schinken
200 g magerer, durchwachsener Speck
1 Zwiebel
1 EL Öl
50 g Greyerzer
3 EL gemischte, gehackte Kräuter
200 g Sahne
100 ml Milch
3 frische Eier
etwas Salz
weißer Pfeffer
geriebene Muskatnuß

1 Für den Teig Mehl, Salz, Butter in kleinen Stückchen und Wasser mit den Knethaken des Handrührgerätes zu einem glatten Teig verarbeiten.

2 Den Teig auf einer bemehlten Arbeitsfläche ausrollen. Die Backform einfetten. Den Boden und den Rand der Form mit dem Teig auskleiden, ihn mit einer Gabel mehrmals einstechen und für etwa 30 Minuten kalt stellen.

3 Inzwischen für den Belag Schinken und Speck fein würfeln. Die Zwiebel schälen und fein hacken. Den Speck und die Zwiebel im Öl anbraten, bis alles glasig, aber nicht braun ist. Die Mischung in ein Sieb geben und abtropfen lassen. Den Backofen auf 225 °C vorheizen.

4 Den Käse fein reiben. Die Speck-Zwiebel-Mischung mit den Schinkenwürfeln, den Kräutern und der Hälfte des Käses mischen.

5 Den Mürbeteig auf der untersten Schiene des Ofens ca. 5 Minuten blindbacken (siehe S. 8). Inzwischen für den Guß Sahne, Milch, Eier und den restlichen Käse gut miteinander verrühren und mit wenig Salz, Pfeffer und etwas Muskat würzen.

6 Den Belag auf dem Teig verteilen und den Guß darübergießen. Die Quiche auf der untersten Schiene zunächst etwa 15 Minuten backen. Dann die Temperatur auf 175 °C zurückschalten und die Quiche in etwa 20 Minuten fertigbacken. Sie warm oder kalt servieren.

BEILAGENTIP

Zu diesem kräftigen Speckkuchen können Sie nach Belieben noch einen knackigen Salat servieren. Dazu paßt ein würziges Essig-Öl-Dressing mit vielen Kräutern.

PRAKTISCHER TIP

Wenn Sie die Quiche Lorraine lieber in kleinen Portionen, zum Beispiel als Vorspeise zubereiten wollen, reicht diese Menge für 8 runde Förmchen von etwa 10 cm ø.

GETRÄNKETIP

Die Quiche Lorraine stammt aus der Küche Lothringens. Als Wein aus derselben Region paßt ein Côtes de Toul gut dazu, aber auch ein Edelzwicker aus dem Elsaß.

CURRY-HACKFLEISCH-QUICHE

Infoblock

- Arbeitszeit: ca. 50 Minuten
- Ruhezeit: ca. 30 Minuten
- Backzeit: ca. 40 Minuten
- Für 1 Springform (26–28 cm ø)
- 4 Portionen
- ca. 890 kcal je Portion

Zutaten

Für den Pastetenteig

250 g Weizenmehl Type 405
100 g kalte Butter
1 TL Salz
1 TL Branntweinessig
100 ml kaltes Wasser
etwas Mehl zum Ausrollen
etwas Fett für die Form

Für den Belag

500 g Rinderhackfleisch
1½ EL Butterschmalz
2–3 TL Currypulver
etwas Salz
schwarzer Pfeffer
2 EL Rosinen
2 Zwiebeln
2 Stangen Bleichsellerie
1 Stange Lauch
1 Möhre
1 Ei, 2 Eigelb (frisch)
200 g Sahne
Paprikapulver edelsüß

1 Für den Teig Mehl, Butter in kleinen Stücken, Salz, Essig und Wasser zusammen in eine Schüssel geben. Die Zutaten mit einer Gabel mischen und kurz mit der Hand durchkneten.

2 Den Teig auf einer leicht bemehlten Arbeitsfläche dünn ausrollen. Die Backform einfetten. Den Teig hineinlegen und ringsherum einen etwa 3 cm hohen Rand formen, der etwas über den Formrand hinaushängt. Den Boden mit einer Gabel mehrmals einstechen und die Form für etwa 30 Minuten kalt stellen.

3 Inzwischen für den Belag das Hackfleisch in 1 Eßlöffel Butterschmalz braten. 2 Teelöffel Curry darüberstäuben, alles mischen und kurz weiterbraten. Das Fleisch mit Salz und Pfeffer abschmecken. Die Rosinen darunterrühren.

4 Den Backofen auf 200 °C vorheizen. Die Zwiebeln schälen und fein hacken. Den Bleichsellerie und den Lauch putzen und waschen. Den Sellerie in ½ cm dicke Scheiben, den Lauch schräg in 1 ½ cm lange Stücke schneiden. Die Möhre schälen, putzen und schräg in dünne Scheiben schneiden.

5 Das Gemüse in ½ Eßlöffel Butterschmalz etwa 5 Minuten dünsten, dann salzen und pfeffern. Es mit dem Hackfleisch mischen.

6 Die Hackfleischmischung auf den Teig geben und glattstreichen. Das Ei, die Eigelbe und die Sahne miteinander verquirlen und mit Salz, Pfeffer, Curry- und Paprikapulver kräftig abschmecken. Den Guß bis auf 1 Eßlöffel auf die Füllung in die Form gießen.

7 Den überstehenden Teig nach innen rollen, so daß ein Wulst entsteht. Diesen mit der restlichen Eier-Sahne-Mischung bestreichen. Die Quiche auf der zweiten Schiene von unten etwa 40 Minuten backen.

REZEPTVARIATION

Wenn Sie keine Rosinen mögen, können Sie sie durch grobgehackte Kerne oder Nüsse wie Pinienkerne, Pistazien oder Mandeln austauschen.

THUNFISCH-OLIVEN-WÄHE

Infoblock

- Arbeitszeit: ca. 1 Stunde
- Backzeit: ca. 30 Minuten
- Für 1 runde Form (28–30 cm ø)
- 4 Portionen
- ca. 1050 kcal je Portion

Zutaten

Für den geriebenen Hefeteig

¼ Würfel Hefe (ca. 10 g)
6 EL lauwarmes Wasser
200 g Weizenmehl Type 405
½ TL Salz
50 g weiche Butter
etwas Mehl zum Ausrollen
etwas Fett für die Form

Für den Belag

800 g geschälte Tomaten (aus der Dose)
2 Zwiebeln
2–3 Knoblauchzehen
3 EL Olivenöl
2 TL getrocknete italienische Kräutermischung
2 EL Kapern
300 g Thunfisch in Öl (Dose)
125 g Mozzarella
100 g schwarze entsteinte Oliven
etwas Salz
schwarzer Pfeffer
4 EL geriebener Parmesan

1 Die Hefe mit dem Wasser verrühren. Das Mehl zusammen mit dem Salz in eine Schüssel geben und die Butter in kleinen Stücken hinzufügen. Alles mit den Rührbesen des Handrührgerätes mischen, bis die Masse krümelig ist. Anschließend die Hefe darunterrühren und den Teig noch kurz mit den Händen kneten.

2 Den Hefeteig auf einer leicht bemehlten Arbeitsfläche dünn ausrollen. Die Backform einfetten und mit dem Teig auskleiden. Ringsherum einen Rand hochziehen. Den Boden mit einer Gabel mehrmals einstechen. Den Backofen auf 200 bis 225 °C vorheizen.

3 Die Tomaten in ein Sieb gießen, abtropfen lassen und grob würfeln. Die Zwiebeln und die Knoblauchzehen schälen, fein hacken und in 2 Eßlöffeln Öl goldgelb anbraten. Die Tomaten, die Kräutermischung und die Kapern hinzufügen und alles etwa 5 Minuten köcheln lassen.

4 Den Thunfisch abtropfen lassen und in nicht zu kleine Stücke zupfen. Den Mozzarella auf der Gemüsereibe grob reiben. Die Oliven, je nach Größe, halbieren oder vierteln. Die Tomatenmasse mit Salz und Pfeffer kräftig abschmecken und die Oliven daruntermischen.

5 Den Parmesan auf den Teig streuen. Zuerst die Tomatenmasse auf dem Teig glattstreichen, dann die Thunfischstücke darauf verteilen. Obenauf den Mozzarella streuen. Die Wähe auf der zweiten Schiene von unten etwa 30 Minuten backen.

PRAKTISCHER TIP

Sie können den Teig auch schon am Vortag zubereiten und zugedeckt im Kühlschrank aufbewahren. Dann müssen Sie ihn vor dem Ausrollen noch einmal leicht durchkneten.

GETRÄNKETIP

Dazu schmeckt ein Vernatsch aus Südtirol oder ein Chianti aus der Toskana.

WIRSINGKUCHEN MIT KASSELER

Infoblock

- Arbeitszeit: ca. 1 Stunde
- Ruhezeit: ca. 30 Minuten
- Backzeit: ca. 45 Minuten
- Für 1 Springform (28 cm ø)
- 4 Portionen
- ca. 1000 kcal je Portion

Zutaten

Für den Dinkelteig

100 g Weizenmehl Type 550
100 g Dinkel-Vollkornmehl
3 EL geschälte Sesamsamen
½ TL Salz
80 g weiche Butter
100 ml Wasser
etwas Mehl zum Ausrollen
etwas Fett für die Form

Für den Belag

1 Wirsingkopf à ca. 700 g
2 Zwiebeln
2 EL Butter
etwas Salz
weißer Pfeffer
geriebene Muskatnuß
150 g Cheddar
300 g Kasseler ohne Knochen
1 Bund Petersilie
375 ml Milch
3 frische Eier
1 TL Paprikapulver edelsüß

1 Für den Teig beide Mehlsorten mit den Sesamsamen und dem Salz mischen. Die in Stücke geschnittene Butter hinzufügen und alles mit den Knethaken des Handrührgerätes zu einer Krümelmasse verarbeiten.

2 Nach und nach das Wasser unter die Masse rühren und sie mit den Händen schnell zu einem Teig zusammendrücken, aber nicht kneten. Den Teig auf einer leicht bemehlten Arbeitsfläche dünn ausrollen. Die Springform einfetten. Den Boden und den Rand mit dem Teig auskleiden und die Form für etwa 30 Minuten kalt stellen.

3 Inzwischen den Wirsing putzen, die Blätter abschneiden, waschen und gut abtropfen lassen. Sie anschließend in feine Streifen schneiden. Die Zwiebeln schälen, würfeln und in der Butter glasig werden lassen. Den Wirsing hinzufügen und alles zusammen bei milder Hitze für 10 bis 15 Minuten zugedeckt dünsten. Das Ganze mit Salz, Pfeffer und Muskat nicht zu zaghaft würzen.

4 Den Backofen auf 200 bis 225 °C vorheizen. Den Käse grob reiben, das Kasseler in kleine Würfel schneiden. Die Petersilie waschen, trockentupfen und bis auf ein paar schöne Blättchen hacken.

5 Das Gemüse mit dem Kasseler, dem Käse und der gehackten Petersilie gut mischen. Die Milch mit den Eiern und dem Paprikapulver zu einem Guß verquirlen und mit Salz sowie Pfeffer kräftig würzen.

6 Die Wirsingmischung auf den Teig geben und glattstreichen. Den Guß darüber gießen. Den Kuchen auf der untersten Schiene des Ofens etwa 45 Minuten backen. Falls nötig, ihn kurz vor Ende der Backzeit mit Pergamentpapier abdecken.

7 Den Kuchen vor dem Servieren noch ein paar Minuten ruhen lassen und dann mit den Petersilienblättchen bestreuen.

PRAKTISCHER TIP

Das Dinkel-Vollkornmehl bekommen Sie im Reformhaus.

REZEPTVARIATIONEN

◆ Wenn Sie gerne Kümmel mögen, können Sie die Füllung mit 1 Teelöffel Kümmelsamen oder ½ Teelöffel Kümmelpulver würzen. Den Muskat sollten Sie dann weglassen.

◆ Nehmen Sie statt des Kasselers einmal dieselbe Menge Cabanossi (Knoblauchwurst).

2 QUICHE À LA MEXIKO

Infoblock

- Arbeitszeit: ca. 1¼ Stunden
- Ruhezeit: ca. 30 Minuten
- Backzeit: ca. 45 Minuten
- Für 1 Springform (28 cm ø)
- 4 Portionen
- ca. 1135 kcal je Portion

Zutaten

Für den Quark-Öl-Teig

250 g Weizenmehl Type 550
½ TL Salz, 1 TL Backpulver
125 g Magerquark
7 EL Milch, 5 EL Öl
etwas Fett für die Form
etwas Mehl zum Ausrollen

Für den Belag

1 Zwiebel
2 Knoblauchzehen
1 frische Peperoni
500 g gemischtes Hackfleisch
2 EL Öl
2 EL Tomatenmark
Salz, schwarzer Pfeffer
Cayennepfeffer
1 TL Kreuzkümmelpulver
1 rote Paprikaschote
2 Tomaten
1 EL gehackte Petersilie
1 Dose Maiskörner
(ca. 300 g)
1 verquirltes Eiweiß
150 g Sahne
3 frische Eigelbe

1 Für den Teig Mehl, Salz und Backpulver miteinander mischen. Den Quark, die Milch und das Öl hinzufügen und alles zu einem geschmeidigen Teig verkneten. Ihn etwa 30 Minuten kalt stellen

2 Die Zwiebel und den Knoblauch schälen und fein hacken. Die Peperoni putzen, waschen und in dünne Ringe schneiden.

3 Das Hackfleisch im Öl anbraten. Zwiebel, Knoblauchzehen, Peperoni und Tomatenmark dazugeben und kurz mitbraten. Mit Salz, Pfeffer, Cayennepfeffer und Kreuzkümmel abschmecken.

4 Die Paprika vierteln, putzen, waschen und in feine Streifen schneiden. Die Tomaten einritzen, kurz überbrühen, abschrecken, enthäuten, halbieren, entkernen, würfeln. Den Mais abtropfen lassen.

5 Den Backofen auf 200 °C vorheizen. Die Springform einfetten. Ein Viertel des Teiges abschneiden und beiseite legen. Den Rest auf einer bemehlten Arbeitsfläche etwas größer als die Form ausrollen, in die Form legen und dabei einen 4 cm hohen Rand formen. Den Teig mit dem Eiweiß bestreichen, auf der mittleren Schiene etwa 5 Minuten backen.

6 Die Hackfleischmasse mit Paprika, Tomaten, Petersilie und Mais mischen. Die Sahne mit den Eigelben verquirlen und mit Salz, Pfeffer und Cayennepfeffer kräftig würzen. Den restlichen Teig ausrollen und in 1 cm breite Streifen schneiden.

7 Das Hackfleisch auf dem Teig verteilen. Die Eiersahne (bis auf 2 Eßlöffel) darübergießen. Die Teigstreifen gitterförmig auf die Quiche legen. Die Streifenenden am Teigrand festdrücken und mit der übrigen Eiersahne bestreichen.

8 Die Quiche mit Pergamentpapier abdecken. Sie auf der untersten Schiene des Ofens zunächst etwa 15 Minuten backen. Anschließend das Papier entfernen und die Quiche in etwa 25 Minuten fertigbacken.

GETRÄNKETIPS

Dazu paßt traditionell ein mexikanisches Bier, zum Beispiel Corona.

GEFLÜGELQUICHE MIT APRIKOSEN

Infoblock

- Arbeitszeit: ca. 1 Stunde
- Ruhezeit: ca. 1 Stunde
- Backzeit: ca. 35 Minuten
- Für 1 runde Form (30 cm ø)
- 4 Portionen
- ca. 1100 kcal je Portion

Zutaten

Für den geriebenen Hefeteig

¼ Würfel frische Hefe (ca. 10 g)
6 EL lauwarmes Wasser
250 g Weizenmehl Type 550
1 TL Salz, 100 g Butter
etwas Mehl zum Ausrollen
etwas Fett für die Form

Für den Belag

500 g Hähnchenbrustfilets
1 Zwiebel
1 Bund Suppengrün
3 Stangen Bleichsellerie
100 g getrocknete Aprikosen
1½ EL Butterschmalz
1 TL gemahlener Ingwer
etwas Salz, weißer Pfeffer
2 EL grüne Pfefferkörner
1 Dose ungesüßte Kokosmilch (ca. 400 ml)
3–4 Pfefferminzzweige
3 EL Kokosraspel
100 g Crème fraîche
4 frische Eier

1 Die zerbröckelte Hefe mit dem lauwarmen Wasser verrühren. Mehl und Salz mischen, die Butter in Stücken hinzufügen und alles mit kalten Händen krümelig verreiben.

2 Die angerührte Hefe zum Mehl geben und alles schnell zu einem Teig zusammenkneten. Das Ganze zugedeckt für etwa 1 Stunde an einem warmen Ort gehen lassen.

3 Inzwischen das Fleisch in etwa 1 cm große Würfel schneiden. Die Zwiebel fein hacken. Das Suppengrün und den Sellerie putzen und waschen. Das Suppengrün kleinwürfeln, den Sellerie in dünne Scheiben schneiden. Die Aprikosen achteln.

4 Das Gemüse in einer Pfanne in ½ Eßlöffel Butterschmalz etwa 1 Minute anbraten. Das Ganze mit Ingwer würzen, salzen, pfeffern, herausnehmen und beiseite stellen.

5 Das Fleisch in 1 Eßlöffel Butterschmalz bei starker Hitze etwa 2 Minuten braten. Es kräftig salzen und pfeffern. Aprikosen und Pfefferkörner unter das Fleisch mischen.

6 Den Backofen auf 225 °C vorheizen. Den Teig auf einer bemehlten Arbeitsfläche ausrollen. Die Form einfetten. Den Teig hineinlegen und einen etwa 5 cm hohen Rand formen. Den Boden mit einer Gabel mehrmals einstechen.

7 Die Kokosmilch erwärmen und glattrühren. Das Gemüse mit dem Fleisch mischen. Die Minze abspülen, trockentupfen und die kleinsten Blättchen beiseite legen. Den Rest in feine Streifen schneiden und zusammen mit den Kokosraspeln unter das Fleisch heben.

8 Die Kokosmilch mit der Crème fraîche und den Eiern zu einem Guß verquirlen und diesen würzig mit Salz und Pfeffer abschmecken. Den Belag auf den Teig geben und den Guß daraufgießen.

9 Die Quiche auf der untersten Schiene des Ofens etwa 35 Minuten backen. Sie vor dem Servieren mit der beiseite gelegten Minze bestreuen.

GETRÄNKETIP

Ich empfehle einen Sauvignon blanc aus Graves.

PRAKTISCHER TIP

Die ungesüßte Kokosmilch bekommen Sie in Asienläden. Sie können sie auch folgendermaßen selbst herstellen: 250 g frisches Kokosnußfleisch raspeln, mit 400 ml warmem Wasser verkneten und absieben. Die so hergestellte Kokosmilch läßt sich gut einfrieren. Getrocknete Kokosraspeln aus der Backabteilung des Supermarktes eignen sich übrigens nicht, um eine kräftige Kokosmilch herzustellen.

NUDELQUICHE

Infoblock

- Arbeitszeit: ca. 1 Stunde
- Ruhezeit: ca. 30 Minuten
- Backzeit: ca. 35 Minuten
- Für 1 Springform (28 cm ø)
- 4 Portionen
- ca. 1300 kcal je Portion

Zutaten

Für den Pastetenteig

250 g Weizenmehl Type 550
100 g kalte Butter
1 TL Salz
1 TL Branntweinessig
120 ml Wasser
etwas Mehl zum Ausrollen
etwas Fett für die Form

Für den Belag

250 g Nudeln (Rigatoni oder Penne)
etwas Salz
400 g frische, grobe Bratwurst
2 Fleischtomaten
3 EL gehackte Petersilie
1 TL gemahlene Anissamen
schwarzer Pfeffer
3 Frühlingszwiebeln
100 g Raclettekäse
3 frische Eier
200 ml Milch
100 ml Sahne

1 Für den Teig das Mehl, die Butter in Stückchen, das Salz, den Essig und das Wasser zusammen in eine Schüssel geben. Die Zutaten mit einer Gabel mischen und mit den Händen zu einem glatten Teig verkneten.

2 Den Teig auf einer bemehlten Arbeitsfläche ausrollen. Die Backform einfetten, den Teig hineinlegen und einen Rand von etwa 3 cm hochziehen. Den Boden mit einer Gabel mehrmals einstechen. Die Backform für etwa 30 Minuten kalt stellen.

3 Inzwischen die Nudeln in Salzwasser in 8 bis 9 Minuten bißfest kochen, dann abgießen und gut abtropfen lassen. Das Bratwurstbrät aus der Pelle drücken, mit angefeuchteten Händen zu kirschgroßen Kugeln formen und kalt stellen. Den Ofen auf 200 °C vorheizen.

4 Die Fleischtomaten über Kreuz einritzen, für etwa 15 Sekunden in kochendes Wasser geben, abschrecken, enthäuten und halbieren, Stengelansätze und Kerne entfernen. Das Tomatenfleisch grob hacken, mit der Petersilie und dem Anis mischen und mit Salz sowie Pfeffer würzen.

5 Die Frühlingszwiebeln putzen, waschen und in feine Scheiben schneiden. Den Käse grob reiben oder würfeln. Nudeln, Bratwurstbällchen, Tomatenmischung, Frühlingszwiebeln und die Hälfte des Käses behutsam miteinander vermengen.

6 Für den Guß die Eier mit der Milch und der Sahne glattrühren und mit Salz und Pfeffer kräftig würzen. Die Nudelmischung auf den Teig geben und mit dem Guß übergießen. Den restlichen Käse darauf streuen.

7 Die Quiche auf der untersten Schiene des Ofens etwa 35 Minuten backen, bis die Oberfläche goldbraun ist. Falls nötig, die Quiche kurz vor Ende der Backzeit mit Pergamentpapier abdecken.

BEILAGENTIP

Servieren Sie zur Nudelquiche einen Salat aus knackig gekochtem Gemüse (z. B. einen Paprika-Zucchini-Salat mit einem Essig-Öl-Dressing) oder einen aus verschiedenen Blattsalaten, der mit einem leicht säuerlichen Essig-Öl-Dressing und vielen Kräutern angemacht ist.

GETRÄNKETIP

Probieren Sie dazu einen Pinot Noir aus dem Burgund.

REZEPTVARIATIONEN

◆ Dieses Rezept können Sie natürlich auch mit anderen Nudelsorten wie Spaghetti, Bandnudeln oder auch Hörnchennudeln, zubereiten. Das ändert zwar nichts am Geschmack, aber an der Optik.

◆ Anstelle des Bratwurstbräts können Sie auch gemischtes Hackfleisch verwenden.

◆ Wenn Sie Anis nicht mögen, können Sie ihn einfach weglassen.

◆ Anstelle des Raclettekäses können Sie auch einen Trapistenkäse verwenden, der besonders schön schmilzt.

GRIECHISCHER SPINATKUCHEN

Infoblock

- Arbeitszeit: ca. 2 Stunden
- Ruhezeit: ca. 60 Minuten
- Backzeit: ca. 45 Minuten
- Für 1 Backblech (ca. 45 x 36 cm)
- 6 Portionen
- ca. 720 kcal je Portion

Zutaten

Für den Strudelteig

1 frisches Ei
½ TL Salz
2 EL kaltgepreßtes Olivenöl
⅛ l lauwarmes Wasser
350 g Weizenmehl Type 405
etwas Mehl zum Ausrollen
etwas Öl für das Blech

Für den Belag

600 g tiefgekühlter Blattspinat
1 Bund Frühlingszwiebeln
2 Bund Dill
2 Bund Petersilie
400 g griechischer Schafskäse
4 EL Olivenöl
4 frische Eier
etwas Salz
schwarzer Pfeffer
geriebene Muskatnuß
50 g Butter
⅛ l Milch
5 EL Sesamsamen

1 Für den Teig Ei, Salz, Öl und lauwarmes Wasser in einer Schüssel verquirlen. Das Mehl darunterrühren. Den Teig etwa 15 Minuten kneten, bis er geschmeidig ist und nicht mehr an den Händen klebt. Ihn zu einem Rechteck formen und etwa 60 Minuten ruhen lassen.

2 Inzwischen den Spinat antauen lassen. Die Frühlingszwiebeln waschen und in dünne Ringe schneiden. Die Kräuter verlesen, waschen, trockentupfen und hacken. Den Käse fein zerkrümeln.

3 Vom Olivenöl knapp 3 Eßlöffel in einem großen Topf erhitzen und die Zwiebeln darin andünsten. Den Spinat hinzufügen und alles zusammen etwa 5 Minuten dünsten. Den Spinat vom Herd nehmen, kurz abkühlen lassen und grob hacken.

4 Spinat, Kräuter, Käse und die verquirlten Eier miteinander mischen und mit Salz, Pfeffer und Muskat fein abschmecken. Den Backofen auf 200 °C vorheizen. Die Butter und die Milch zusammen in einem kleinen Topf erwärmen.

5 Die Teigmenge vierteln. Jede Portion auf einem großen bemehlten Tuch sehr dünn ausrollen. Sie anschließend über dem Handrücken nach allen Seiten hauchdünn ausziehen. Die tiefe Fettpfanne des Backofens mit etwas Öl einfetten.

6 Ein ausgezogenes Teigviertel auf das Blech legen und die Ränder dabei überhängen lassen. Das Ganze großzügig mit der Butter-Milch-Mischung bestreichen. Das zweite Teigviertel darauf legen und ebenfalls bestreichen.

7 Die Spinatmasse auf den Teig geben und gut andrücken. Die Teigränder darüberschlagen und mit den restlichen zwei Teigschichten bedecken. Dabei jede Teigschicht mit der Butter-Milch-Mischung bestreichen. Den Sesam zuletzt darauf streuen.

8 Den Kuchen auf der mittleren Schiene des Ofens 35 bis 40 Minuten backen, bis die Oberfläche schön braun ist. Den Spinatkuchen kurz abkühlen lassen. Ihn dann warm oder kalt servieren.

BEILAGENTIP

Ein Salat aus reifen, aromatischen Tomaten mit einem würzigen Essig-Öl-Dressing schmeckt besonders gut dazu.

REZEPTVARIATION

Wenn Sie wenig Zeit haben, probieren Sie das Rezept einmal mit einem Hefe- oder einem Blätterteig, den Sie in nur 2 Portionen aufteilen und ausrollen müssen.

GETRÄNKETIPS

Dazu paßt ein Weißwein aus Griechenland, zum Beispiel ein Roditis aus der Gegend um Patras. Aber ein Soave Classico aus Venetien harmoniert genauso gut.

Zwillingskuchen

Infoblock

- Arbeitszeit: ca. 1½ Stunden
- Ruhezeit: ca. 30 Minuten
- Backzeit: ca. 35 Minuten
- Für 1 Backblech
- 6 Portionen
- ca. 890 kcal je Portion

Zutaten

Für den geriebenen Mürbeteig

350 g Weizenmehl Type 405
1 TL Salz, 150 g Butter
⅛ l Wasser
etwas Fett, etwas Mehl

Für den Rosenkohlbelag

600 g Rosenkohl
100 ml Gemüsebrühe
50 g durchwachsener Speck
50 g Haselnußkerne
50 g Greyerzer
100 g Sahne, 2 frische Eier
etwas Salz, weißer Pfeffer
geriebene Muskatnuß
abgeriebene Schale von ½ unbehandelten Zitrone

Für den Krautbelag

1 rote Paprikaschote
150 g geräucherte Wurst
1 Zwiebel, 2 Bund Dill
500 g Sauerkraut (Dose)
300 g saure Sahne
1 TL Rosenpaprikapulver

---

1 Für den Teig Mehl, Salz und Butter in Stückchen zuerst mit den Händen zu einer krümeligen Masse verreiben, dann ⅛ l Wasser darunterrühren. Die Masse zu einem glatten Teig zusammendrücken, aber nicht kneten. Den Teig in Frischhaltefolie einwickeln und für ungefähr 30 Minuten kühl stellen.

---

2 Inzwischen den Rosenkohl waschen, putzen, die Röschen halbieren und in der Gemüsebrühe für 5 bis 7 Minuten köcheln. Sie herausheben und abtropfen lassen.

---

3 Den Speck fein würfeln, die Haselnüsse grob hacken und den Käse fein reiben. Die Sahne mit Eiern, Salz, Pfeffer, Muskat und Zitronenschale zu einem Guß verrühren.

---

4 Die Paprikaschote vierteln, putzen, waschen und in dünne Scheiben schneiden. Die Wurst ebenfalls in dünne Scheiben schneiden. Die Zwiebel schälen und fein würfeln. Den Dill abspülen, trockentupfen und fein hacken.

---

5 Das Sauerkraut auflockern und mit Paprika, Wurst, Zwiebel und Dill mischen. Die saure Sahne mit Salz, Pfeffer und Paprikapulver kräftig abschmecken. Den Backofen auf 220 °C vorheizen.

---

6 Das Backblech einfetten. Den Teig auf einer bemehlten Arbeitsfläche auf Blechgröße ausrollen, darauf legen und einen 3 cm hohen Rand formen. Den Teig mit einer Gabel mehrmals einstechen.

---

7 Ein Stück Alufolie, etwas länger als die Blechbreite, zu einem 3 cm hohen Streifen falten. Ihn als Trennung quer in die Blechmitte setzen und leicht in den Teig drücken.

---

8 Auf die eine Teighälfte den Speck und den Käse streuen. Den Rosenkohl darauf verteilen und leicht salzen sowie pfeffern. Diese Hälfte mit dem Sahneguß begießen und mit den Haselnüssen bestreuen.

---

9 Auf der anderen Teighälfte die Sauerkrautmasse verteilen und mit dem Saure-Sahne-Guß begießen. Den Kuchen auf der untersten Schiene des Ofens etwa 35 Minuten backen.

Rezeptvariation

Einen Zwillingskuchen können Sie auch mit anderen Belagskombinationen zubereiten. Versuchen Sie es doch einmal mit ½ Belag des Gemüse-Wurst-Kuchens von Seite 68 und ½ Belag des Schwäbischen Zwiebelkuchens von Seite 60.

BLUMENKOHL-THUNFISCH-KUCHEN

Infoblock

- Arbeitszeit: ca. 1¼ Stunden
- Ruhezeit: ca. 30 Minuten
- Backzeit: ca. 40 Minuten
- Für 1 Backblech (ca. 45 x 36 cm)
- 6 Portionen
- ca. 870 kcal je Portion

Zutaten

Für den Mürbeteig

450 g Weizenmehl Type 405
1 TL Salz
225 g kalte Butter
1 frisches Ei
etwas Mehl zum Ausrollen
etwas Fett für das Blech

Für den Belag

1 großer Blumenkohl (ca. 1 kg)
Saft und abgeriebene Schale von 1 unbehandelten Zitrone
etwas Salz
weißer Pfeffer
2 Dosen Thunfisch in Öl (à 150 g Abtropfgewicht)
150 g Sahne
¼ l Milch
2 frische Eier
2 frische Eigelbe
4 EL Wermut (z. B. Noilly Prat)
4 EL feingehackte Petersilie
Paprikapulver rosenscharf

1 Für den Teig alle Zutaten zusammen in einer Schüssel mit den Knethaken des Handrührgerätes kurz mischen. Den bröseligen Teig mit den Händen zu einer homogenen Masse zusammendrücken, aber nicht kneten. Aus dem Teig ein Rechteck formen, es in Frischhaltefolie einwickeln und für etwa 30 Minuten kalt stellen.

2 Inzwischen reichlich Wasser in einem Topf zum Kochen bringen. Den Blumenkohl putzen, waschen und in möglichst kleine Röschen teilen. Den Zitronensaft ins Wasser geben.

3 Das Gemüse portionsweise im sprudelnd kochenden Zitronenwasser etwa 4 Minuten blanchieren, es anschließend abschrecken und gut abtropfen lassen. Den Blumenkohl salzen und pfeffern. Den Backofen auf 200 °C vorheizen.

4 Den Mürbeteig auf einer leicht bemehlten Arbeitsfläche etwas größer als das Backblech ausrollen. Das Blech einfetten, den Teig darauf legen und ringsherum einen etwa 3 cm hohen Rand formen. Den Teigboden mit einer Gabel mehrmals einstechen und etwa 5 Minuten auf der untersten Schiene des Ofens blindbacken (siehe S. 8).

5 Inzwischen den Thunfisch abtropfen lassen und in nicht zu kleine Stücke teilen. Sahne, Milch, Eier, Eigelbe, Wermut, Petersilie und Zitronenschale gründlich miteinander verquirlen. Den Guß mit Salz, Pfeffer und Paprikapulver sehr kräftig abschmecken.

6 Das Blech aus dem Ofen nehmen und kurz abkühlen lassen. Den Blumenkohl und den Thunfisch auf dem Teig gut verteilen und den Guß darauf geben. Den Kuchen auf der untersten Schiene des Ofens etwa 35 Minuten backen, bis der Guß fest und der Teigrand goldgelb gebräunt ist.

GETRÄNKETIP

Probieren Sie dazu einen strohgelben Pinot Bianco aus dem Friaul.

REZEPTVARIATIONEN

◆ Statt mit Thunfisch können Sie die Tarte auch mit etwa 300 g Räucherfisch (zum Beispiel Makrelen- oder Heilbuttfilet oder Schillerlocken) zubereiten.

◆ Wenn Sie Fisch nicht so gerne mögen, nehmen Sie statt dessen 300 g gekochten, in feine Streifen geschnittenen Schinken.

◆ Den Blumenkohl können Sie auch durch Brokkoli oder andere Gemüse der Saison ersetzen.

Schwäbischer Zwiebelkuchen

Infoblock

- Arbeitszeit: ca. 1¼ Stunden
- Gehzeit: ca. 40 Minuten
- Backzeit: ca. 35 Minuten
- Für 1 Backblech (ca. 45 x 36 cm)
- 6 Portionen
- ca. 740 kcal je Portion

Zutaten

Für den Hefeteig

¾ Würfel frische Hefe (ca. 30 g)
150 ml lauwarmes Wasser
375 g Weizenmehl Type 405
⅛ l Öl
1 TL Salz
etwas Fett für das Blech
etwas Mehl zum Ausrollen

Für den Belag

1,5 kg Zwiebeln
100 g geräucherter, durchwachsener Speck
2 EL Butterschmalz
250 g saure Sahne
3 frische Eigelbe
1 frisches Ei
½ TL Zucker
2 TL Kümmel
etwas Salz, schwarzer Pfeffer

1 Die frische Hefe zerbröckeln und in dem lauwarmen Wasser auflösen. Die Mischung mit dem Mehl, dem Öl und dem Salz zu einem glatten Teig verrühren und diesen zugedeckt an einem warmen Ort in etwa 30 Minuten zum doppelten Volumen aufgehen lassen.

2 Inzwischen für den Belag die Zwiebeln schälen und nicht zu fein hacken. Den Speck fein würfeln, für etwa 1 Minute in kochendes Wasser geben, anschließend abtropfen lassen. Zwiebel und Speck im heißen Butterschmalz unter gelegentlichem Rühren glasig dünsten und dann abkühlen lassen.

3 Das Backblech einfetten. Den Teig auf einer bemehlten Arbeitsfläche auf Backblechgröße dünn ausrollen. Ihn auf das Blech legen und dabei die Ränder hochdrücken. Den Teig nochmals ungefähr 10 Minuten gehen lassen. Den Backofen auf 200 °C vorheizen.

4 Die saure Sahne mit Eigelben, Ei, Zucker und Kümmel gründlich zu einem Guß verquirlen und mit Salz sowie Pfeffer abschmecken. Drei Viertel des Gusses unter die Zwiebeln mischen.

5 Die Zwiebelmasse auf dem Teig verteilen und den restlichen Guß darübergeben. Den Zwiebelkuchen auf der untersten Schiene in 35 bis 40 Minuten goldbraun backen.

Rezeptvariation

Wenn Sie keinen Kümmel mögen, können Sie ihn durch 2 Eßlöffel Thymian- oder Majoranblättchen austauschen.

Getränketips

Dazu trinkt man traditionell Federweißer, den es im Herbst gibt. Aber auch Apfel- oder Traubenmost oder ein frischer, fruchtiger Weißwein, zum Beispiel Silvaner oder Müller-Thurgau, paßt sehr gut dazu.

ELSÄSSISCHER FLAMMKUCHEN

Infoblock

- Arbeitszeit: ca. 1 ¼ Stunden
- Gehzeit: ca. 40 Minuten
- Backzeit: ca. 15 Minuten
- Für 1 Backblech (ca. 45 x 36 cm)
- 6 Portionen
- ca. 520 kcal je Portion

Zutaten

Für den Brotteig

½ Würfel frische Hefe
⅛ l lauwarmes Wasser
200 g Weizenmehl Type 405
200 g Roggenvollkornmehl
½ TL Salz
1 TL gemahlener Koriander
6 EL Milch
etwas Fett für das Blech
etwas Mehl zum Ausrollen

Für den Belag

3 mittelgroße Zwiebeln
100 g durchwachsener Speck
250 g Magerquark
2 frische Eigelbe
1 EL Öl
125 g Crème fraîche
oder Crème double
etwas Salz
weißer Pfeffer
geriebene Muskatnuß
1 Kästchen Kresse

1 Die Hefe in dem warmen Wasser gut auflösen. Sie dann mit den beiden Mehlsorten, den Gewürzen und der Milch mischen. Das Ganze zu einem glatten Teig verkneten und diesen zugedeckt an einem warmen Ort etwa 20 Minuten gehen lassen, bis er sein Volumen verdoppelt hat.

2 Inzwischen die Zwiebeln schälen und fein würfeln. Den Speck in kleine Würfel schneiden und in einer Pfanne anbraten. Die Zwiebeln dazugeben und unter Rühren glasig dünsten.

3 Das Backblech einfetten. Den Brotteig auf einer bemehlten Arbeitsfläche dünn auf Backblechgröße ausrollen und das Blech damit belegen. Ringsherum einen etwa 3 cm breiten Rand hochziehen. Den Teig zugedeckt nochmals etwa 20 Minuten gehen lassen.

4 Den Backofen auf 225 °C vorheizen. Den Magerquark in ein Sieb geben und abtropfen lassen. Ihn anschließend mit Eigelben, Öl und Crème fraîche zu einer glatten Masse verrühren und mit Salz, Pfeffer und Muskat würzen.

5 Die Quarkmasse auf dem Brotteig glattstreichen. Die Zwiebel-Speck-Mischung darauf verteilen. Den Flammkuchen auf der untersten Schiene des Ofens in etwa 15 Minuten goldbraun backen.

6 Die Kresse unter fließendem Wasser abspülen. Die Blättchen mit einer Schere abschneiden, auf dem Kuchen verteilen. Diesen sofort heiß servieren.

REZEPTVARIATION

Den Brotteig können Sie auch in 8 Portionen teilen, diese einzeln zu dünnen Fladen ausrollen und jeweils 2 bis 3 davon zusammen mit dem Belag auf einem Blech backen. Die Backzeit verringert sich dabei kaum.

GETRÄNKETIPS

Dazu passen besonders gut Weine aus dem Elsaß, zum Beispiel ein Silvaner oder ein Riesling.

LAMM-ZUCCHINI-QUICHE

Infoblock

- Arbeitszeit: ca. 1½ Stunden
- Kühlzeit: ca. 30 Minuten
- Backzeit: ca. 35 Minuten
- Für 1 Backblech (ca. 45 x 36 cm)
- 6 Portionen
- ca. 900 kcal je Portion

Zutaten

Für den Pastetenteig

350 g Weizenmehl Type 550
125 g kalte Butter, 1 TL Salz
1 TL Branntweinessig
etwas Mehl zum Ausrollen
etwas Fett für das Blech

Für den Belag

2 große Zwiebeln
3–4 Knoblauchzehen
750 g Lammhackfleisch
6 EL Olivenöl
1 kl. Dose geschälte Tomaten
etwas Salz, schwarzer Pfeffer
2 Lorbeerblätter
2 TL gerebelter Oregano
½ TL Zimtpulver
1 kg Zucchini
3 frische Eier
100 g griechischer Hartkäse (Kefalotiri oder Graviera)
300 g Naturjoghurt
Saft und abgeriebene Schale von 1 unbehandelten Zitrone
geriebene Muskatnuß

1 Für den Teig Mehl, Butter in kleinen Stückchen, Salz, Essig und ⅛ l Wasser mischen. Alles mit den Händen zu einem geschmeidigen Teig verkneten und diesen anschließend für etwa 30 Minuten in den Kühlschrank stellen.

2 Inzwischen die Zwiebeln und Knoblauchzehen schälen und fein hacken. Das Lammhackfleisch in einem Schmortopf in 3 Eßlöffel Olivenöl bei starker Hitze braten. Zwiebeln und Knoblauchzehe dazugeben und unter häufigem Rühren etwa 2 Minuten mitbraten.

3 Die Tomaten grob zerkleinern und zusammen mit dem Saft zum Hackfleisch geben. Etwas Salz und Pfeffer sowie Lorbeerblätter, Oregano und Zimt daruntermischen. Das Fleisch bei mittlerer Hitze unter mehrmaligem Rühren ohne Deckel 10 bis 15 Minuten köcheln lassen, bis die Flüssigkeit fast verdampft ist. Die Lorbeerblätter entfernen.

4 Inzwischen die Zucchini putzen, waschen und längs in dünne Scheiben schneiden oder hobeln. Das Gemüse anschließend portionsweise in 3 Eßlöffeln Olivenöl von beiden Seiten goldgelb braten. Die Scheiben mit Küchenpapier abtupfen, dann salzen und pfeffern.

5 Den Backofen auf 200 °C vorheizen. Den Teig auf einer bemehlten Arbeitsfläche auf Backblechgröße ausrollen. Das Blech einfetten und mit dem Teig belegen. Dabei einen etwa 2 cm hohen Rand formen. 2 Eier trennen. Die Eiweiße verquirlen, auf den Teig streichen und antrocknen lassen.

6 Den Käse fein reiben. Nun den Joghurt mit Ei, Eigelben, Käse, Zitronensaft und -schale gründlich zu einem Guß verrühren. Diesen kräftig mit Salz, Pfeffer und etwas Muskat würzen.

7 Die Hälfte der Zucchinischeiben auf den Teig legen. Das Hackfleisch darauf verteilen. Das Ganze mit den restlichen Zucchini bedecken und den Guß darauf geben.

8 Die Quiche auf der untersten Schiene ungefähr 35 Minuten backen, bis die Oberfläche goldgelb ist. Sie vor dem Servieren ein paar Minuten ruhen lassen.

REZEPTVARIATIONEN

- Statt der Zucchini können Sie auch Auberginenscheiben verwenden. Die sollten Sie vor dem Braten mit Salz bestreuen, kurz durchziehen lassen, dann abspülen und gut trockentupfen.
- Statt Lammhackfleisch können Sie auch Rinderhackfleisch, oder eine Hackfleischmischung aus Rind- und Schweinefleisch verwenden.

PRAKTISCHER TIP

Wenn Sie keine der griechischen Hartkäsesorten bekommen, nehmen Sie italienischen Pecorino oder einen Schweizer Appenzeller.

GETRÄNKETIP

Dazu empfehle ich einen frischen weißen Robola aus Griechenland.

QUICHE MIT MEERESFRÜCHTEN

Infoblock

- Arbeitszeit: ca. 1 Stunde
- Ruhezeit: ca. 30 Minuten
- Backzeit: ca. 30 Minuten
- Für 1 Backblech (ca. 45 x 36 cm)
- 6 Portionen
- ca. 760 kcal je Portion

Zutaten

Für den Teig

350 g Weizenmehl Type 405
1 ½ TL Salz
150 g weiche Butter
200 g Magerquark
5 EL Wasser
etwas Fett für das Blech
etwas Mehl zum Ausrollen

Für den Belag

600 g gem. TK-Meeresfrüchte
2 große Zwiebeln
3–4 Knoblauchzehen
3 EL kaltgepreßtes Olivenöl
1 kl. Dose geschälte Tomaten
50 ml Gemüsebrühe
1 Lorbeerblatt
2 TL gerebelter Thymian
etwas Salz, weißer Pfeffer
500 g Pellkartoffeln
5 EL Semmelbrösel
5 EL geriebener Parmesan
5 EL feingehackte Petersilie
200 g Sahne, 4 frische Eier
1 TL Paprikapulver edelsüß

1 Das Mehl mit dem Salz mischen. Die Butter in kleinen Stücken hinzufügen und die Zutaten mit den Rührbesen des Handrührgerätes verrühren, bis alles krümelig ist.

2 Den Quark mit dem Wasser mischen und mit der krümeligen Masse vermengen. Den Teig mit den Händen kurz zusammendrücken, aber nicht kneten. Ihn zu einer Kugel formen, in Frischhaltefolie einwickeln und für etwa 30 Minuten in den Kühlschrank stellen.

3 Inzwischen für den Belag die Meeresfrüchte in ein Sieb geben und unter fließend heißem Wasser auftauen lassen. Die Zwiebeln und die Knoblauchzehen schälen, fein hacken und im Öl anbraten. Die Tomaten zusammen mit dem Saft, Meeresfrüchten, Gemüsebrühe, Lorbeerblatt und Thymian hinzufügen. Die Mischung mit Salz und Pfeffer würzen. Alles bei mittlerer Hitze zugedeckt etwa 5 Minuten köcheln lassen.

4 Inzwischen die Kartoffeln pellen und in dünne Scheiben schneiden. Den Backofen auf 200 bis 225 °C vorheizen. Das Backblech einfetten. Die Meeresfrüchtemischung gut abschmecken und das Lorbeerblatt entfernen.

5 Vom Teig ein Viertel der Menge abschneiden und wieder kühl stellen. Den restlichen Teig auf einer bemehlten Arbeitsfläche auf Blechgröße ausrollen. Das Blech einfetten, den Teig darauf legen und einen 2 cm hohen Rand formen. Den Teig mit einer Gabel mehrmals einstechen.

6 Den Teig mit Kartoffelscheiben belegen. Semmelbrösel, Parmesan und Petersilie miteinander mischen und auf die Kartoffeln streuen. Darauf die Meeresfrüchtemischung verteilen. Für den Guß die Sahne mit 3 Eiern verquirlen und mit Salz, Pfeffer und Paprikapulver kräftig würzen.

7 Den übrigen Teig dünn ausrollen und mit einem Teigrädchen in 1 cm breite Streifen schneiden. Den Guß auf die Zutaten gießen, die Teigstreifen gitterförmig darauf legen. sie am Rand leicht andrücken und mit dem verquirltem restlichen Ei bestreichen. Die Quiche auf der untersten Schiene des Ofens etwa 30 Minuten backen.

REZEPTVARIATION

Statt der Meeresfrüchte können Sie auch geschälte Krabben verwenden.

PRAKTISCHER TIP

Anstelle der TK-Meeresfrüchte können Sie auch Muscheln oder Meeresfrüchte aus der Dose verwenden.

GETRÄNKETIP

Dazu paßt ein französischer Weißwein, zum Beispiel ein Vin de Pays des Côtes de Gascogne.

GEMÜSE-WURST-KUCHEN

Infoblock

- **Arbeitszeit: ca. 1¼ Stunden**
- **Gehzeit: ca. 25 Minuten**
- **Backzeit: ca. 30 Minuten**
- **Für 1 Backblech (ca. 45 x 36 cm)**
- **6 Portionen**
- **ca. 610 kcal je Portion**

Zutaten

Für den Hefeteig

ca. ½ Würfel frische Hefe (ca. 15 g)
100 ml lauwarmes Wasser
1 Prise Zucker
40 g Butter
400 g Weizenmehl Type 550
1 TL Salz
etwas Fett für die Form
etwas Mehl zum Ausrollen

Für den Belag

500 g Lauch
300 g Möhren
etwas Salz
300 g Wiener Würstchen
2 EL Sonnenblumenkerne
50 g Emmentaler
weißer Pfeffer
4 EL gehackte Petersilie
2 TL Thymianblättchen
¼ l Milch
2 frische Eier

1 Die frische Hefe mit dem lauwarmen Wasser und dem Zucker verrühren. Die Butter schmelzen und dann abkühlen lassen.

2 Das Mehl mit dem Salz, der angerührten Hefe und der flüssigen Butter zu einem glatten Teig verkneten. Ihn zugedeckt an einem warmen Ort in etwa 25 Minuten zum doppelten Volumen aufgehen lassen.

3 Inzwischen den Lauch putzen, waschen und schräg in 2 cm breite Stücke schneiden. Die Möhren schälen, waschen und schräg in 1 cm dicke Scheiben schneiden. Das Gemüse portionsweise in kochendem Salzwasser 2 Minuten blanchieren, dann abschrecken und sehr gut abtropfen lassen.

4 Den Backofen auf 200 °C vorheizen. Das Blech einfetten. Den Teig nochmals kurz kneten und auf einer bemehlten Arbeitsfläche auf Blechgröße ausrollen. Ihn auf das Blech legen und rundherum einen kleinen Rand formen.

5 Die Würstchen schräg in etwa 1 ½ cm dicke Scheiben schneiden. Die Sonnenblumenkerne nur grob hacken. Den Käse reiben. Den Lauch und die Möhren nach Belieben salzen und pfeffern.

6 Die Sonnenblumenkerne und die Kräuter auf den Teig streuen. Lauch-, Möhren- und Wurstscheiben abwechselnd in 6 Streifen dekorativ auf dem Teig anordnen.

7 Die Milch mit den Eiern und dem Käse zu einem Guß verquirlen und diesen mit Salz sowie Pfeffer kräftig würzen. Den Guß auf den Belag gießen. Den Kuchen auf der untersten Schiene des Ofens etwa 30 Minuten backen.

REZEPTVARIATION

Sie können statt Möhren und Lauch auch etwa 800 g gemischtes, blanchiertes Gemüse verwenden, zum Beispiel Erbsen, Kohlrabischeiben, kleine Blumenkohlröschen und grüne Bohnen. Und statt der Wiener Würstchen nehmen Sie gewürfelte Lyoner.

GETRÄNKETIP

Probieren Sie dazu einen Pino Grigio aus der italienischen Weinregion Trentino.

Asiatischer Blechkuchen

Infoblock

- Arbeitszeit: ca. 1¼ Stunden
- Ruhezeit: ca. 30 Minuten
- Backzeit: ca. 30 Minuten
- Für 1 Backblech
- 6 Portionen
- ca. 720 kcal je Portion

Zutaten

Für den Quark-Öl-Teig

400 g Weizenmehl Type 405
1 TL Salz, 2 TL Backpulver
200 g Magerquark
8 EL Milch, 8 EL Öl
etwas Mehl und Fett

Für den Belag

400 g Putenbrustfilet
5 EL Erdnußöl
etwas Salz, schwarzer Pfeffer
2–4 Knoblauchzehen
300 g Möhren
2 Stangen Bleichsellerie
150 g Champignons
1 rote Paprikaschote
1 Bund Frühlingszwiebeln
150 g Bambussprossen (Dose)
100 g Maiskölbchen (Glas)
100 g Sojabohnensprossen (Dose)
6 EL kräftige Gemüsebrühe
3–4 EL Sojasauce
3 cm frischer Ingwer
⅛ l Milch, 3 frische Eier
2 EL geschälte Sesamsamen

1 Für den Teig Mehl, Salz und Backpulver mischen. Quark, Milch und Öl hinzufügen und alle Zutaten zu einem geschmeidigen Teig verkneten und etwa 30 Minuten ruhen lassen.

2 Inzwischen das Fleisch fein schnetzeln und bei starker Hitze in 3 Eßlöffeln Öl portionsweise kurz anbraten. Das Fleisch salzen, pfeffern und beiseite stellen.

3 Den Knoblauch schälen und fein hacken. Das frische Gemüse und die Pilze putzen und waschen. Möhren, Sellerie und Pilze in dünne Scheiben, die Paprikaschote in feine Streifen schneiden. Die Frühlingszwiebeln schräg in etwa 2 cm lange Stücke schneiden, das Weiße der Zwiebeln längs halbieren.

4 Die Bambussprossen und die Maiskölbchen zum Abtropfen in ein Sieb schütten. Das übrige Gemüse in 2 Eßlöffeln Öl etwa 3 Minuten unter Rühren anbraten. Die Bambussprossen in feine Scheiben schneiden, die Maiskölbchen längs halbieren und mit den Sojabohnensprossen in die Pfanne geben.

5 Das Fleisch unter das Gemüse heben, alles mit Gemüsebrühe und Sojasauce ablöschen und zusammen noch etwa 2 Minuten garen. Das Ganze mit Salz und Pfeffer würzen. Die Mischung in ein Sieb geben und gut abtropfen lassen, dabei die Flüssigkeit auffangen und ⅛ l davon abmessen.

6 Den Backofen auf 225 °C vorheizen. Den Teig auf einer leicht bemehlten Arbeitsfläche dünn auf Blechgröße ausrollen. Das Backblech einfetten. Den Teig darauf legen und einen kleinen Rand hochziehen.

7 Den Ingwer schälen und sehr fein reiben. Die Dünstflüssigkeit mit der Milch, den Eiern und dem Ingwer zu einem Guß verrühren. Diesen mit Salz und Pfeffer kräftig abschmecken.

8 Die Gemüse-Fleisch-Mischung auf dem Teig verteilen. Den Ingwerguß gleichmäßig darübergießen. Den Kuchen mit den Sesamsamen bestreuen und auf der untersten Schiene des Ofens etwa 30 Minuten backen.

Rezeptvariation

Sie können den Blechkuchen auch ohne Fleisch zubereiten. Dann sollten Sie aber etwa 400 g mehr Gemüse verwenden.

PRAKTISCHER TIP

Erdnußöl bekommen Sie in der Feinkostabteilung des Supermarktes. Ersatzweise können Sie auch Maiskeimöl verwenden.

GETRÄNKETIPS

Dazu schmeckt ein grüner Tee oder ein herbes Pils.

SOMMERKRÄUTERTARTE

Infoblock

- Arbeitszeit: ca. 1¼ Stunden
- Ruhezeit: ca. 1 Stunde
- Backzeit: ca. 30 Minuten
- Für 1 Backblech (ca. 45 x 36 cm)
- 6 Portionen
- ca. 870 kcal je Portion

Zutaten

Für den Quarkblätterteig

300 g Magerquark
300 g Weizenmehl Type 405
300 g kalte Butter
1 TL Salz
etwas Mehl zum Ausrollen

Für den Belag

50 g Frühstücksspeck
3 Bund glatte Petersilie
3 Bund Schnittlauch
2 Salbeizweige
1 Estragonzweig
1 Oreganozweig
2 Thymianzweige
1 Bund Basilikum
3 EL geriebener Parmesan
200 g Sahne
200 ml Milch
2 frische Eier
2 frische Eigelbe
1 TL mittelscharfer Senf
etwas Salz
weißer Pfeffer

1 Den Quark zum Abtropfen in ein Küchentuch geben und gut auspressen. Das Mehl auf die Arbeitsfläche sieben. Den Quark, die Butter in Flöckchen und das Salz dazugeben. Alles schnell zu einem glatten Teig verkneten. Diesen zu einem Rechteck formen, in Frischhaltefolie einwickeln und im Kühlschrank etwa 1 Stunde ruhen lassen.

2 Inzwischen den Speck in kleine Stücke schneiden. Die Kräuter verlesen, kurz waschen, mit einem Küchentuch gut trockentupfen und die Blättchen abzupfen.

3 Den Teig auf einer bemehlten Arbeitsfläche auf Blechgröße ausrollen. Das Backblech kalt abspülen. Den Teig darauf legen und einen kleinen Rand hochziehen. Den Boden mit dem Parmesan bestreuen.

4 Den Backofen auf 225 °C vorheizen. Für den Guß Sahne, Milch, Eier, Eigelbe und Senf gründlich miteinander verrühren und mit Salz sowie Pfeffer würzen.

5 Alle Kräuter, bis auf das Basilikum und den Schnittlauch grob hacken. Das Basilikum beiseite legen, den Schnittlauch in feine Röllchen schneiden und mit den übrigen Kräutern und dem Speck mischen.

6 Die Mischung auf dem Teig verteilen. Den Guß darauf geben. Die Tarte auf der untersten Schiene des Ofens 25 bis 30 Minuten backen. Wenn notwendig, sie kurz vor Ende der Garzeit mit Pergamentpapier abdecken.

7 Die Basilikumblätter in breite Streifen schneiden oder in Stücke zupfen. Die Tarte vor dem Servieren damit bestreuen.

REZEPTVARIATION

Die Tarte schmeckt auch sehr gut, wenn Sie einen Teil der Kräuter gegen 3 bis 4 Eßlöffel frisch geraspelte Möhren austauschen.

PRAKTISCHER TIP

Es ist ganz wichtig, daß Sie die Kräuter so kurz wie möglich vor dem Backen der Tarte hacken. Denn sonst verflüchtigen sich die recht intensiven Aromen, die den Geruchssinn so angenehm stimulieren.

GETRÄNKETIP

Dazu empfehle ich einen Weißburgunder aus Österreich.

7 TARTE MIT TOMATEN UND PILZEN

Infoblock

- Arbeitszeit: ca. 1¼ Stunden
- Ruhezeit: ca. 20 Minuten
- Backzeit: ca. 25 Minuten
- Für 1 Backblech (ca. 45 x 36 cm)
- 6 Portionen
- ca. 860 kcal je Portion

Zutaten

Für den Quark-Öl-Teig

400 g Weizenmehl Type 405
1 TL Salz
2 gestr. TL Backpulver
200 g Magerquark
10 EL Milch
10 EL Olivenöl
etwas Fett für das Blech
etwas Mehl zum Ausrollen

Für den Belag

1 große Zwiebel
2 Knoblauchzehen
500 g Champignons
3 EL Olivenöl
etwas Salz
schwarzer Pfeffer
1–2 TL gerebelter Oregano
150 g Salami in Scheiben
500 g reife Tomaten
250 g Mozzarella
50 g Blauschimmelkäse
100 g Crème fraîche

1 Für den Teig Mehl mit Salz und Backpulver mischen und dann Quark, Milch und Öl hinzufügen. Alles zu einem geschmeidigen Teig verkneten. Den Teig zu einem Rechteck formen, in Frischhaltefolie einwickeln und für etwa 20 Minuten kalt stellen.

2 Inzwischen die Zwiebel und die Knoblauchzehen schälen und fein hacken. Die Champignons wenn nötig waschen, putzen und in dünne Scheiben schneiden.

3 Die Pilze im Olivenöl braten, bis die gesamte entstandene Flüssigkeit verdampft ist. Die Zwiebel und den Knoblauch mitbraten, bis sie glasig sind. Die Pilzmischung mit wenig Salz, Pfeffer und dem Oregano fein abschmecken und etwas abkühlen lassen.

4 Den Backofen auf 225 °C vorheizen. Die Salamischeiben halbieren. Die Tomaten waschen, von den Stengelansätzen befreien, in ½ cm dicke Scheiben schneiden und pfeffern. Den Mozzarella in dünne Scheiben schneiden.

5 Den Blauschimmelkäse mit einer Gabel grob zerdrücken und zusammen mit der Crème fraîche unter die Pilzmischung rühren.

6 Das Backblech einfetten. Den Teig auf einer bemehlten Arbeitsfläche auf Blechgröße ausrollen, auf das Blech legen und dabei rundherum einen kleinen Rand hochziehen.

7 Die Pilzmischung auf dem Teig verteilen. Darauf Tomaten-, Salami- und Mozzarellascheiben dekorativ anordnen. Alles mit Pfeffer bestreuen.

8 Die Quiche auf der untersten Schiene des Ofens etwa 25 Minuten backen und anschließend warm servieren.

REZEPTVARIATION

Die Pilze müssen nicht unbedingt Champignons sein. Ebenso gut schmeckt die Tarte mit Austernpilzen oder Pfifferlingen.

GETRÄNKETIP

Dazu schmeckt ein spanischer Qualitätsrotwein, zum Beispiel ein Rioja aus Katalonien.

AUSTERNPILZ-MÖHREN-QUICHE

Infoblock

- Arbeitszeit: ca. 1 Stunde
- Ruhezeit: ca. 30 Minuten
- Backzeit: ca. 30 Minuten
- Für 1 runde Form (26 cm ø)
- 4 Portionen
- ca. 780 kcal je Portion

Zutaten

Für den Quark-Öl-Teig

200 g Weizenmehl Type 405
½ TL Salz
1 TL Backpulver
100 g Magerquark
4 EL Milch
4 EL Öl
etwas Fett für die Form
etwas Mehl zum Ausrollen

Für den Belag

500 g Austernpilze
1 ½ EL Butterschmalz
etwas Salz, weißer Pfeffer
2 mittelgroße Zwiebeln
400 g Möhren
100 g mittelalter Gouda
Saft und abgeriebene Schale
von ½ unbehandelten Zitrone
1 EL Thymianblättchen
3 EL feingehackte Petersilie
100 g Sahne
100 g Crème fraîche
3 frische Eier

1 Für den Teig das Mehl mit Salz und Backpulver mischen. Quark, Milch und Öl hinzufügen. Alle Zutaten kräftig verkneten.

2 Die Backform einfetten. Den Teig auf einer bemehlten Arbeitsfläche ausrollen, in die Form legen, einen 3 cm breiten Rand hochziehen.

3 Die Pilze auseinanderbrechen mit einem feuchten Tuch abreiben, und in breite Streifen schneiden. Sie portionsweise in 1 Eßlöffel Butterschmalz bei starker Hitze rundherum kräftig anbraten, dann mit Küchenpapier gut abtupfen. Die Pilze salzen und pfeffern.

4 Die Zwiebeln schälen, fein würfeln und in ½ Eßlöffel Butterschmalz goldgelb dünsten. Die Möhren putzen, schälen, waschen, längs halbieren und in ½ cm dicke Scheiben schneiden. Sie in kochendem Salzwasser etwa 3 Minuten blanchieren, dann abschrecken und abtropfen lassen.

5 Den Backofen auf 225 °C vorheizen. Den Käse grob reiben. Pilze, Zwiebeln und Möhren mischen und mit Salz, Pfeffer sowie Zitronensaft abschmecken. Zitronenschale, Thymian, Petersilie und Käse unter die Gemüsemischung heben.

6 Sahne, Crème fraîche und Eier zu einem Guß verrühren. Ihn mit Salz, Pfeffer und Zitronensaft kräftig würzen.

7 Die Gemüsemischung auf dem Teig verteilen und glattstreichen. Den Guß gleichmäßig darübergeben. Die Quiche auf der untersten Schiene des Ofens etwa 30 Minuten backen.

REZEPTVARIATION

Die Quiche können Sie auch sehr gut mit anderen frischen Pilzen, z. B. mit Champignons, Pfifferlingen oder Shiitakepilzen zubereiten.

GETRÄNKETIP

Dazu schmeckt ein trockener Weißwein, zum Beispiel ein Chardonnay aus dem Trentino.

APFEL-ZWIEBEL-QUICHE MIT MOHN

Infoblock

- Arbeitszeit: ca. 1 Stunde
- Gehzeit: ca. 30 Minuten
- Backzeit: ca. 40 Minuten
- Für 1 Springform (28 cm ø)
- 4 Portionen
- ca. 780 kcal je Portion

Zutaten

Für den Hefeteig

¼ Würfel frische Hefe
75 ml Milch
75 ml lauwarmes Wasser
250 g Weizenmehl Type 505
½ TL Salz
1 EL Butter
etwas Mehl zum Ausrollen
etwas Fett für die Form

Für den Belag

750 g Gemüsezwiebeln
1½ EL Butter
400 g Äpfel (z. B. Cox Orange oder Boskop)
100 g Blauschimmelkäse
etwas Salz
schwarzer Pfeffer
2 EL Mohnsamen
1 EL Thymianblättchen
200 g saure Sahne
100 g Crème fraîche
3 frische Eier
1 EL Weizenmehl Type 505

1 Für den Teig die Hefe mit der lauwarmen Milch und dem Wasser verrühren. Mehl, Salz und die Butter in kleinen Stücken in eine Schüssel geben. Die aufgelöste Hefe hinzufügen und alle Zutaten mit den Knethaken des Handrührgerätes auf niedrigster Stufe zu einem Teig verkneten.

2 Den Teig anschließend noch kurz mit den Händen weiterkneten, bis er glatt und geschmeidig ist. Ihn zugedeckt an einem warmen Ort etwa 30 Minuten gehen lassen.

3 Inzwischen für den Belag die Zwiebeln schälen, vierteln und in feine Ringe schneiden. Sie in der Butter unter gelegentlichem Rühren bei milder Hitze in etwa 20 Minuten nur weichdünsten.

4 Währenddessen die Äpfel schälen, vierteln und die Kerngehäuse entfernen. Die Apfelviertel in sehr dünne Spalten schneiden. Den Käse in kleine Stücke schneiden. Den Backofen auf 200 °C vorheizen.

5 Die Zwiebeln kräftig salzen und pfeffern. Sie mit den Äpfeln, dem Käse, 1½ Eßlöffeln Mohn und dem Thymian (bis auf 1 Teelöffel zum Bestreuen) mischen.

6 Den Teig auf einer bemehlten Arbeitsfläche ausrollen. Die Backform einfetten und den Teig hineinlegen. Dabei einen etwa 5 cm hohen Rand formen.

7 Die saure Sahne mit der Crème fraîche, den Eiern und dem Mehl zu einem Guß verquirlen. Die Hälfte vom Guß mit der Apfel-Zwiebel-Mischung vermengen.

8 Die Mischung auf dem Teig verteilen. Den restlichen Guß darauf gießen. Die Quiche mit dem restlichen ½ Eßlöffel Mohn bestreuen und auf der untersten Schiene des Ofens in etwa 40 Minuten goldgelb backen.

9 Die Quiche vor dem Servieren mit dem restlichen Thymian bestreuen und noch ein paar Minuten ruhen lassen.

PRAKTISCHER TIP

Wenn Sie die Zwiebeln nicht gerne mit der Hand schneiden, nehmen Sie dazu einen guten Gemüsehobel. Damit geht's einfach und schnell.

GETRÄNKETIP

Dazu paßt eine Apfelsaftschorle, zu gleichen Teilen aus naturtrübem Apfelsaft und Mineralwasser, am allerbesten.

FENCHELTARTE MIT PINIENKERNEN

Infoblock

- Arbeitszeit: ca. 50 Minuten
- Ruhezeit: ca. 30 Minuten
- Backzeit: ca. 30 Minuten
- Für 1 runde Form (28 cm ø)
- 4 Portionen
- ca. 680 kcal je Portion

Zutaten

Für den Pastetenteig

200 g Weizenmehl Type 405
75 g kalte Butter
1 TL Salz
1 TL Branntweinessig
75 ml kaltes Wasser
etwas Fett für die Form
etwas Mehl zum Ausrollen

Für den Belag

2 Fenchelknollen (ca. 600 g)
100 g kleine Schalotten
3 EL Olivenöl
etwas Salz
weißer Pfeffer
Cayennepfeffer
2 EL Pinienkerne
2 EL Rosinen
1 TL Fenchelsamen
150 g Crème fraîche
1 frisches Ei
Saft und abgeriebene Schale
von ½ unbehandelten Zitrone
2 EL Dillspitzen
2 EL frisch geriebener
Parmesan

1 Für den Teig das Mehl mit der Butter in kleinen Stücken sowie mit Salz, Essig und Wasser mit einer Gabel mischen. Anschließend die Zutaten mit den Händen zu einem glatten Teig verkneten.

2 Die Backform einfetten. Den Teig auf einer leicht bemehlten Arbeitsfläche, etwas größer als die Form, ausrollen. Boden und Rand der Form damit auskleiden. Den Teig für etwa 30 Minuten in den Kühlschrank stellen.

3 Inzwischen den Fenchel putzen und waschen. Das Fenchelgrün grob hacken und beiseite legen. Die Knollen halbieren und in dünne Streifen schneiden. Die Schalotten schälen und halbieren.

4 Die Schalotten im Öl goldgelb andünsten. Die Fenchelstreifen dazugeben und unter Rühren etwa 5 Minuten mitdünsten. Das gegarte Gemüse mit Salz, Pfeffer und 1 Prise Cayennepfeffer recht kräftig abschmecken.

5 Die Pinienkerne in einer Pfanne ohne Fettzugabe goldgelb anrösten und dann zusammen mit den Rosinen unter das Fenchelgemüse mischen. Den Backofen auf 200 bis 225 °C vorheizen.

6 Die Fenchelsamen leicht zerdrücken. Die Crème fraîche mit Ei, Zitronensaft, Zitronenschale, 1 Eßlöffel der Dillspitzen und den Fenchelsamen verrühren und mit Salz sowie Pfeffer kräftig würzen.

7 Den Parmesan auf den Teig streuen. Das Fenchelgemüse darauf verteilen. Den Crème-fraîche-Guß darauf geben. Die Tarte auf der untersten Schiene des Ofens etwa 30 Minuten backen. Sie vor dem Servieren mit dem restlichen Eßlöffel Dillspitzen bestreuen.

PRAKTISCHER TIP

Nehmen Sie beim Kauf von Fenchel nur weiße, unversehrte Knollen ohne braune Stellen. Auch saftig grüne Blättchen und knackige Stiele sind Merkmale frischen Gemüses.

GETRÄNKETIP

Dazu schmeckt ein trockener, fruchtiger Weißwein, wie der Verdicchio aus der Gegend um Ancona.

WURZELGEMÜSE-KÄSE-KUCHEN

Infoblock

- **Arbeitszeit: ca. 1¼ Stunden**
- **Backzeit: ca. 45 Minuten**
- **Für 1 runde Form (28 cm ø)**
- **4 Portionen**
- **ca. 870 kcal je Portion**

Zutaten

Für den Blätterteig

450 g tiefgekühlter Blätterteig
etwas Mehl zum Ausrollen

Für den Belag

250 g junge Möhren
250 g weiße Rüben
1 Kohlrabi
1 Knollensellerie, ca. 200 g
1 kleine Stange Lauch
1 Bund Frühlingszwiebeln
1 EL Butter
etwas Salz
schwarzer Pfeffer
200 g reifer Camembert
1 EL gehackte Estragonblättchen
2 frische Eier
125 g Sahne

GETRÄNKETIP

Ein deftiger Kuchen braucht einen kräftigen Wein. Ich empfehle daher einen Müller-Thurgau aus Baden.

1 Den Backofen auf 225 °C vorheizen. Die Blätterteigplatten nebeneinander auslegen und in ungefähr 15 Minuten auftauen lassen.

2 Währenddessen die Möhren, die Rübchen, den Kohlrabi und den Sellerie putzen, schälen, waschen und in etwa 1 cm große Würfel schneiden. Den Lauch und die Frühlingszwiebeln putzen, gründlich waschen und schräg in 1½ cm lange Stücke schneiden.

3 Die Teigplatten aufeinanderlegen und auf einer bemehlten Arbeitsfläche dünn ausrollen. Die Backform mit kaltem Wasser ausspülen und mit dem Teig auslegen. Dabei einen etwa 3 cm breiten Rand hochziehen. Den übriggebliebenen Teig beiseite legen. Den Teigboden mit einer Gabel mehrmals einstechen und auf der untersten Schiene etwa 15 Minuten vorbacken.

4 Inzwischen das Gemüse, bis auf den Lauch und die Frühlingszwiebeln, in der Butter bei milder Hitze etwa 10 Minuten dünsten. Dann Lauch und Frühlingszwiebeln hinzufügen und alles weitere 3 Minuten dünsten. Das Gemüse mit Salz und Pfeffer würzen.

5 Die Ofentemperatur auf 200 °C herunterschalten. Den Camembert in kleine Würfel schneiden und mit den Estragonblättchen unter das Gemüse mischen. Aus den Teigresten kleine Ornamente ausstechen.

6 Die Gemüsemischung auf dem vorgebackenen Boden verteilen. Die Eier mit der Sahne verquirlen, mit etwas Salz und reichlich Pfeffer würzen und bis auf 2 Teelöffel auf die Zutaten in die Form gießen.

7 Die Teigornamente mit der übrigen Eiersahne bestreichen und auf den Kuchen legen. Den Wurzelgemüse-Käse-Kuchen auf der zweiten Schiene von unten in etwa 30 Minuten goldgelb backen.

REZEPTVARIATION

Intensiver wird der Geschmack, wenn Sie den Camembert gegen einen kräftigen Edelpilzkäse (z. B. Bavaria Blue oder Roquefort) oder gegen einen reifen Bergkäse austauschen.

TOMATENTARTE

Infoblock

- Arbeitszeit: ca. 1 Stunde
- Ruhezeit: ca. 30 Minuten
- Backzeit: ca. 30 Minuten
- Für 1 runde Form (26–28 cm ø)
- 4 Portionen
- ca. 990 kcal je Portion

Zutaten

Für den Nußmürbeteig

150 g Dinkelvollkornmehl
150 g fein gemahlene Haselnüsse
½ TL Salz
125 g kalte Butter
1 frisches Ei
etwas Mehl zum Ausrollen

Für den Belag

250 g kleine Zwiebeln
2–3 Knoblauchzehen
2–3 EL Olivenöl
500 g kleine Tomaten
100 g Emmentaler
etwas Salz
weißer Pfeffer
2 TL Thymianblättchen
150 g Sahne
1 frisches Ei

1 Das Mehl mit den Nüssen, dem Salz, der Butter in Stücken und dem Ei schnell zu einem glatten Teig verkneten. Ihn anschließend auf einer bemehlten Arbeitsfläche ausrollen. Den Teig in die Form legen und dabei einen etwa 3 cm hohen Rand formen. Den Teig in der Form für etwa 30 Minuten kalt stellen.

2 Die Zwiebeln und Knoblauchzehen schälen; die Zwiebeln in feine Ringe, den Knoblauch in dünne Scheiben schneiden. Beides im Olivenöl bei mittlerer Hitze unter gelegentlichem Rühren goldgelb dünsten. Dann mit Küchenpapier das Fett abtupfen.

3 Den Backofen auf 200 bis 225 °C vorheizen. Die Tomaten waschen, abtrocknen, die Stielansätze entfernen und sie in Scheiben schneiden. Den Käse grob reiben. Die Zwiebelmischung mit Salz und Pfeffer würzen, dann die Thymianblättchen daruntermischen.

4 Den Teig auf der untersten Schiene des Ofens etwa 5 Minuten vorbacken und anschließend kurz abkühlen lassen. Die Zwiebelmischung auf dem Boden verteilen. Den Käse darauf streuen. Obenauf die Tomatenscheiben dachziegelartig anordnen.

5 Die Sahne mit dem Ei zu einem Guß verquirlen und mit Salz und Pfeffer würzen. Den Guß über die Tomaten geben. Die Tarte auf der untersten Schiene etwa 30 Minuten backen. Sie warm oder kalt servieren.

BEILAGENTIP

Im Frühjahr schmeckt dazu ein Salat aus Wildkräutern mit Löwenzahn, Bärlauch und Sauerampfer sehr gut. Im Hochsommer paßt ein erfrischender Rucolasalat.

PRAKTISCHER TIP

Das Dinkelvollkornmehl bekommen Sie im Reformhaus.

GETRÄNKETIP

Probieren Sie dazu einen Blauen Zweigelt Rosé aus der Südoststeiermark oder einen Rosé aus der Provence.

Schweizer Käsewähe

Infoblock

- Arbeitszeit: ca. 40 Minuten
- Ruhezeit: ca. 30 Minuten
- Backzeit: ca. 30 Minuten
- Für 1 runde Form (28 cm ø)
- 4 Portionen
- ca. 820 kcal je Portion

Zutaten

Für den Kräuterteig

200 g Weizenmehl Type 405
½ TL Salz
1 TL Backpulver
100 g Magerquark
4 EL feingehackte Petersilie
4 EL Milch
4 EL Öl
etwas Fett für die Form
etwas Mehl zum Ausrollen

Für den Belag

150 g Raclettekäse
150 g Schweizer Emmentaler
1 EL Weizenmehl Type 405
200 g Sahne
3 frische Eier
150 ml Milch
½ TL Paprikapulver edelsüß
weißer Pfeffer
geriebene Muskatnuß

1 Für den Teig das Mehl mit Salz und Backpulver mischen. Quark, Petersilie, Milch und Öl hinzufügen. Alles kräftig zu einem geschmeidigen Teig verkneten. Die Backform einfetten.

2 Den Teig auf einer bemehlten Arbeitsfläche dünn ausrollen. Den Boden und den Rand der Form so mit dem Teig auskleiden, daß der Teig etwa 2 cm über den Rand herausragt.

3 Den überstehenden Teig mit einer Schere im Abstand von 2 cm bis auf Randhöhe einschneiden. Jedes zweite Segment auf die Füllung klappen und andrücken. Die Form für etwa 30 Minuten kalt stellen.

4 Die beiden Käsesorten auf einer Gemüsereibe grob reiben und mit dem Mehl mischen. Den Backofen auf 225 °C vorheizen.

5 Für den Guß die Sahne mit den Eiern und der Milch kräftig verrühren. Alles mit Paprika, Pfeffer und Muskat würzig abschmecken.

6 Die Käsemischung auf dem Teig verteilen. Den Guß darübergießen. Die Wähe auf der untersten Schiene des Ofens etwa 30 Minuten backen, bis der Guß fest ist und eine goldgelbe Oberfläche hat.

Rezeptvariation

Wenn Sie den Geschmack von Kümmel mögen, können Sie die Petersilie für den Teig gegen 2 Teelöffel Kümmelkörner austauschen. Oder Sie geben 2 Teelöffel grob zerdrückte Kümmelkörner in den Guß.

Praktischer Tip

Benutzen Sie für dieses Rezept unbedingt eine Quiche- und keine Springform, weil die Käsemasse am Anfang so flüssig ist, daß sie durch die Zwischenräume der Springform heraustropfen würde.

Getränketip

Hierzu paßt ein Grauer Burgunder aus der Pfalz ebenso wie ein Vernaccia aus der Toscana.

MÖHRENTARTE MIT KORIANDER

Infoblock

- **Arbeitszeit: ca. 1¼ Stunden**
- **Backzeit: ca. 30 Minuten**
- **Für 1 runde Form (28 cm ø)**
- **4 Portionen**
- **ca. 510 kcal je Portion**

Zutaten

Für den geriebenen Hefeteig

¼ Würfel frische Hefe (ca. 10 g)
1 Msp. Zucker
4 EL lauwarmes Wasser
200 g Weizenmehl Type 405
1 TL Salz
75 g Butter
etwas Mehl zum Ausrollen
etwas Fett für das Blech

Für den Belag

500 g möglichst gleich dicke und gleich lange Möhren
etwas Salz
1 Bund glatte Petersilie
1 TL Öl
200 g saure Sahne
2 frische Eier
1 EL Speisestärke
1 TL abgeriebene Schale einer unbehandelten Zitrone
1 TL Ingwerpulver
1–2 TL gemahlener Koriander
weißer Pfeffer

1 Die Hefe mit dem Zucker und dem lauwarmen Wasser verrühren. Mehl, Salz und Butter in Flöckchen zusammen mit den Händen verreiben, bis eine krümelige Masse entstanden ist. Die Hefe hinzufügen und alles zu einem glatten Teig verkneten.

2 Die Möhren putzen, schälen und in wenig Salzwasser je nach Dicke in etwa 12 Minuten knapp gar köcheln. Sie anschließend abgießen und etwas abkühlen lassen.

3 Die Petersilie waschen, trockentupfen und bis auf ein paar schöne Blättchen zum Garnieren fein hacken. Die Möhren der Länge nach in knapp 1 cm dicke Scheiben schneiden und hauchdünn mit etwas Öl bestreichen.

4 Den Backofen auf 225 °C vorheizen. Den Teig auf einer leicht bemehlten Arbeitsfläche dünn ausrollen. Die Backform einfetten. Boden und Rand der Form mit dem Teig auskleiden.

5 Die saure Sahne mit Eiern, Speisestärke, Zitronenschale, Ingwer und 1 Teelöffel Koriander zu einem Guß verrühren. Diesen mit Salz, Pfeffer und Koriander nach Belieben abschmecken.

6 Den Guß auf den Teig in die Form geben. Die Möhrenscheiben fächerartig, mit den dickeren Enden nach außen, auf den Guß legen.

7 Die Tarte auf der untersten Schiene des Ofens etwa 30 Minuten backen. Sie vor dem Servieren mit den beiseite gelegten Petersilienblättchen bestreuen.

REZEPTVARIATION

Lieben Sie exotische Gewürze? Dann probieren Sie die Tarte statt mit Koriander einmal mit gemahlenem Kreuzkümmel.

PRAKTISCHER TIP

Falls Sie junge Bundmöhren gekauft haben, müssen Sie diese nicht schälen. Es reicht, wenn Sie sie unter fließendem Wasser nur gut abbürsten.

GETRÄNKETIP

Probieren Sie zur Möhrentarte einen Trollinger aus dem Weinanbaugebiet Württemberg.

MANGOLDQUICHE MIT ZITRONENGUSS

Infoblock

- Arbeitszeit: ca. 1 Stunde
- Ruhezeit: ca. 1 Stunde
- Backzeit: ca. 30 Minuten
- Für 1 runde Form (26 cm ø)
- 4 Portionen
- ca. 720 kcal je Portion

Zutaten

Für den Knetteig

250 g Weizenmehl Type 550
½ TL Salz
5 EL Olivenöl
2 EL Wasser
1 frisches Ei
etwas Fett für die Form
etwas Mehl zum Ausrollen

Für den Belag

30 g getrocknete Mischpilze
1,5 kg Mangold
2 Zwiebeln
2–3 Knoblauchzehen
2 EL Olivenöl
etwas Salz, Pfeffer
geriebene Muskatnuß
4–6 EL Zitronensaft
250 g Ricotta (ital. Frischkäse), ersatzweise Magerquark
4 frische Eier
abgeriebene Schale von 1½ unbehandelten Zitronen

1 Mehl, Salz, Öl, Wasser und das Ei zusammen zu einem geschmeidigen Teig verkneten. Ihn zu einem Rechteck formen, in Frischhaltefolie einwickeln und für etwa 1 Stunde kalt stellen.

2 Die Mischpilze in ⅛ l lauwarmem Wasser für etwa 30 Minuten einweichen.

3 Inzwischen den Mangold putzen, dabei die Stiele am Blattansatz abschneiden. Die Mangoldblätter waschen und gut abtropfen lassen. Die weißen Stiele können anderweitig verwendet werden, siehe „Praktischer Tip“. Die grünen Blätter zuerst längs halbieren, dann in etwa 1½ cm breite Streifen schneiden.

4 Die Zwiebeln und die Knoblauchzehen schälen und fein hacken. Die Pilze in ein feines Sieb schütten, dabei das Einweichwasser auffangen. Die Pilze gründlich abspülen und grob hacken.

5 Das Öl in einem hohen Topf erhitzen. Die Zwiebeln und die Knoblauchzehen darin glasig dünsten. Die Pilze daruntermischen und kurz mitbraten. Anschließend mit dem Pilzeinweichwasser ablöschen.

6 Den Mangold in den Topf geben und zugedeckt bei starker Hitze unter gelegentlichem Rühren in 5 bis 7 Minuten zusammenfallen lassen. Das Gemüse mit Salz, Pfeffer, Muskat und Zitronensaft kräftig würzen. Das Ganze etwas abkühlen lassen.

7 Den Backofen auf 225 °C vorheizen. Die Backform einfetten. Den Teig auf einer bemehlten Arbeitsfläche ausrollen, den Boden und den Rand der Form damit auskleiden. Den Teig mit einer Gabel mehrmals einstechen.

8 Den Ricotta mit den Eiern und der Zitronenschale glattrühren und mit Salz, Pfeffer sowie Zitronenschale abschmecken. Die Hälfte des Zitronengusses unter den Mangold mischen.

9 Das Mangoldgemüse auf den Teig geben und glattstreichen. Den restlichen Guß darauf verteilen. Die Quiche auf der untersten Schiene des Ofens etwa 30 Minuten backen.

GETRÄNKETIPS

Dazu paßt ein Pils oder ein Altbier.

REZEPTVARIATIONEN

- Natürlich können Sie die Quiche auch mit Spinat zubereiten.
- Statt der Zitronen für den Guß eignen sich auch der Saft und die Schale von 2 unbehandelten Orangen.

PRAKTISCHER TIP

Die Mangoldstiele, die für die Quiche nicht verwendet werden, können Sie in kleine Streifen schneiden und gardünsten. Sie schmecken gut als Beilage zu würzigem Fleisch.

GEMÜSEQUICHE MIT WALNUSSKRUSTE

Infoblock

- Arbeitszeit: ca. 1 Stunde
- Gehzeit: ca. 30 Minuten
- Backzeit: ca. 30 Minuten
- Für 1 runde Form (30 cm ø)
- 4 Portionen
- ca. 760 kcal je Portion

Zutaten

Für den Hefeteig

½ Würfel frische Hefe
⅛ l lauwarmes Wasser
250 g Weizenmehl Type 550
½ TL Salz
4 EL kaltgepreßtes Olivenöl
etwas Mehl, etwas Fett

Für den Belag

2 Auberginen (ca. 600 g)
etwas Salz
500 g Zucchini
1 rote Paprikaschote
2 Zwiebeln
2–3 Knoblauchzehen
75 g Walnußkerne
100 g Cheddar
5 EL Olivenöl
2 TL Thymianblättchen
1 TL feingehackter Rosmarin
schwarzer Pfeffer
Saft und Schale von
½ unbehandelten Zitrone
300 ml Milch, 3 frische Eier

1 Die Hefe mit dem lauwarmen Wasser verrühren. Mehl, Salz und Öl in eine Schüssel geben, die Hefe dazugießen und alles schnell zu einem geschmeidigen Teig verkneten, flachdrücken und zugedeckt an einem warmen Ort gehen lassen.

2 Inzwischen das Gemüse putzen und waschen. Die Auberginen in kleine Würfel schneiden, salzen und etwa 15 Minuten ziehen lassen. Die Zucchini in dünne Scheiben schneiden. Die Paprikaschote würfeln.

3 Die Zwiebeln und die Knoblauchzehen schälen und hacken. Die Nüsse hacken, den Käse reiben.

4 Die Auberginen in 3 Eßlöffeln Öl bei starker Hitze rundherum anbraten. Das restliche Gemüse sowie Zwiebeln und Knoblauch unter die Auberginen mischen und für etwa 1 Minute mitbraten. Das Gemüse mit Thymian, Rosmarin, Salz, Pfeffer, Zitronensaft und -schale würzen.

5 Den Backofen auf 200 bis 225 °C vorheizen. Den Teig auf einer bemehlten Arbeitsfläche dünn ausrollen. Die Backform einfetten. Den Teig so in die Form legen, daß Boden und Rand bedeckt sind.

6 Die Milch mit den Eiern zu einem Guß verrühren und mit Salz sowie Pfeffer kräftig würzen. Die Hälfte des Käses daruntermischen.

7 Die Gemüsemischung auf dem Teig verteilen und den Guß darauf geben. Zuerst die Walnüsse, dann den restlichen Käse darauf streuen. Die Quiche auf der untersten Schiene des Ofens etwa 30 Minuten backen.

REZEPTVARIATION

Probieren Sie die Quiche auch einmal mit anderen Gemüsesorten (z. B. Lauch und Möhren) aus. Schneiden Sie dazu das Gemüse klein, und braten Sie es kurz an.

GETRÄNKETIP

Dazu schmeckt ein kräftiger Rotwein, wie zum Beispiel ein Chianti aus der Toskana.

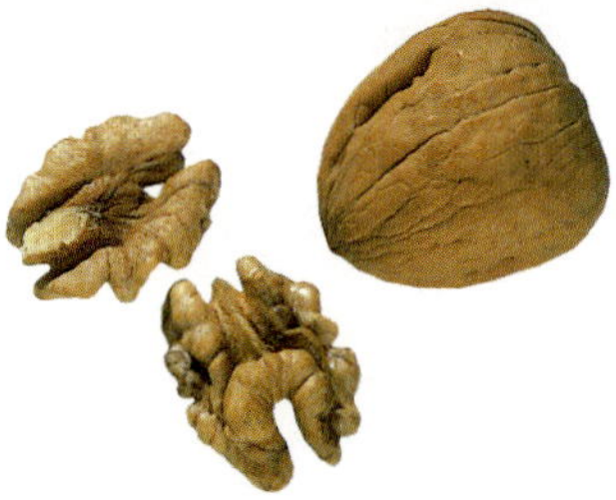

SELLERIETARTE

Infoblock

- Arbeitszeit: ca. 1¼ Stunden
- Ruhezeit: ca. 30 Minuten
- Backzeit: ca. 30 Minuten
- Für 1 runde Form (28–30 cm ø)
- 4 Portionen
- ca. 630 kcal je Portion

Zutaten

Für den Vollkornteig

100 g Weizenmehl Type 550
100 g Dinkelvollkornmehl
½ TL Salz, 80 g Butter
100 ml Wasser
etwas Mehl zum Ausrollen
etwas Fett für die Form

Für den Belag

2 Knollen Sellerie (ca. 1 kg)
250 ml Gemüsebrühe
2–3 EL Zitronensaft
250 g Bleichsellerie
etwas Salz, weißer Pfeffer
geriebene Muskatnuß
3 EL geriebener Parmesan
50 g Greyerzer
100 g Crème fraîche
3 frische Eier

GETRÄNKETIP

Dazu empfehlen wir einen erdig-würzigen fränkischen Silvaner.

1 Für den Teig die Mehlsorten, das Salz und die Butter in Flöckchen mit den Rührbesen des Handrührgerätes zu einer gleichmäßig krümeligen Masse verarbeiten.

2 Anschließend das Wasser zur Krümelmasse geben und alles zu einem glatten Teig vermischen, aber nicht kneten. Die Backform einfetten. Den Teig auf einer bemehlten Fläche ausrollen, in die Backform legen und dabei einen etwa 3 cm hohen Rand formen. Für 30 Minuten kalt stellen.

3 Inzwischen die Sellerieknollen schälen, waschen und in etwa ½ cm große Würfel schneiden. Die Gemüsebrühe zusammen mit 1 Eßlöffel Zitronensaft aufkochen und die Würfel darin 10 bis 12 Minuten zugedeckt garen. Derweil den Bleichsellerie putzen und waschen. Die Blättchen in dünne Streifen, die Stangen in dünne Scheibchen schneiden.

4 Die Gemüsewürfel abgießen (das Kochwasser dabei auffangen), die Würfel gut abtropfen lassen. Selleriewürfel und -scheibchen miteinander mischen und mit Salz, Pfeffer, Muskat sowie Zitronensaft würzen.

5 Den Backofen auf 200 °C vorheizen. Das Selleriegrün (bis auf 2 Eßlöffel zum Garnieren) und den Parmesan unter das Gemüse mischen. Den Greyerzer grob reiben.

6 Für den Guß die Crème fraîche mit ⅛ l des Selleriekochwassers und den Eiern verrühren. Alles mit Salz und Pfeffer kräftig abschmecken.

7 Das Selleriegemüse auf den Teig geben und glattstreichen. Den Guß darauf verteilen. Obenauf den Greyerzer streuen.

8 Die Tarte auf der untersten Schiene des Ofens in etwa 30 Minuten goldgelb backen. Sie vor dem Servieren mit den restlichen Sellerieblättchen bestreuen.

PRAKTISCHER TIP

Achten Sie beim Kauf von Sellerieknollen auf das Alter. Junge Knollen liegen schwer in der Hand, fühlen sich fest an und klingen beim Klopfen nicht hohl.

HIRSE-GEMÜSE-QUICHE

Infoblock

- **Arbeitszeit: ca. 1½ Stunden**
- **Ruhezeit: ca. 30 Minuten**
- **Backzeit: ca. 45 Minuten**
- **Für 1 runde Form (28 cm ø)**
- **4 Portionen**
- **ca. 840 kcal je Portion**

Zutaten

Für den Pastetenteig

250 g Weizenmehl Type 550
100 g kalte Butter
1 TL Salz
1 TL Branntweinessig
100 ml Wasser
etwas Mehl zum Ausrollen
etwas Fett für die Form

Für den Belag

1 Zwiebel
2 EL Öl
150 g Hirse
1 Msp. gemahlener Safran
300 ml Gemüsebrühe
200 g breite grüne Bohnen
2 mittelgroße Möhren
etwas Salz
150 g TK-Erbsen
weißer Pfeffer
1 Kästchen Gartenkresse
75 g Greyerzer
150 g Naturjoghurt
5–6 EL Sahne
2 frische Eier

1 Für den Teig Mehl, die Butter in kleinen Stücken, Salz, Essig und Wasser in eine Schüssel geben. Die Zutaten mischen und zu einem geschmeidigen Teig verkneten. Ihn in Frischhaltefolie einwickeln und für etwa 30 Minuten kalt stellen.

2 Inzwischen die Zwiebel schälen, fein würfeln und im Öl anbraten. Die Hirse hinzufügen und kurz mitbraten. Den Safran dazugeben und das Ganze mit Gemüsebrühe ablöschen. Die Hirse zugedeckt bei milder Hitze 15 bis 20 Minuten quellen lassen, bis sie die Flüssigkeit aufgesogen hat.

3 Inzwischen die Bohnen waschen, putzen und schräg in etwa 2 cm breite Stücke schneiden. Die Möhren putzen, schälen, waschen und kleinwürfeln. Zum Blanchieren nacheinander die Möhren etwa 4 Minuten, die Erbsen etwa 5 Minuten und die Bohnen etwa 10 Minuten in kochendes Salzwasser geben. Das Gemüse abschrecken und abtropfen lassen.

4 Die Hirse und das Gemüse miteinander mischen und mit Salz sowie Pfeffer würzen. Die Kresse abspülen und die Blättchen (bis auf 1 Eßlöffel) unter die Hirsegemüsemischung rühren. Den Backofen auf 200 °C vorheizen.

5 Den Teig auf einer bemehlten Arbeitsfläche ausrollen. Die Backform einfetten. Den Teig in die Form legen und einen Rand hochziehen. Den Boden mit einer Gabel mehrmals einstechen.

6 Den Käse grob reiben. Joghurt, Sahne und Eier miteinander gut verrühren. Die Mischung mit Salz und Pfeffer kräftig würzen. Alles unter die Hirse-Gemüse-Mischung heben, diese anschließend auf dem Teig verteilen und glattstreichen.

7 Die Quiche auf der untersten Schiene des Ofens etwa 45 Minuten backen, bis die Oberfläche goldgelb gebräunt ist. Sie vor dem Servieren mit den übrigen Kresseblättchen bestreuen.

GETRÄNKETIPS

Servieren Sie zu dieser Quiche gekühlten Cidre (Apfelwein) oder eine Apfelweinschorle.

KRÄUTER-FRISCHKÄSE-TARTE

Infoblock

- Arbeitszeit: ca. 1¼ Stunden
- Ruhezeit: ca. 45 Minuten
- Backzeit: ca. 40 Minuten
- Für 1 Springform (28–30 cm ø)
- 4 Portionen
- ca. 680 kcal je Portion

Zutaten

Für den Mürbeteig

250 g Weizenvollkornmehl
100 g kalte Butter
1 kleines frisches Ei
½ TL Salz
½ TL Rosenpaprika
3–5 EL kaltes Wasser
etwas Mehl zum Ausrollen
etwas Fett für die Form

Für den Belag

400 g körniger Frischkäse
100 g Sahnequark
4 frische Eier
etwas Salz
weißer Pfeffer
50 g Rucola (Rauke)
50 g Sauerampfer
1 Bund Kerbel
3 Zweige Zitronenmelisse
3 Basilikumzweige
1 Bund Petersilie
1 Bund Dill
1 Bund Schnittlauch

1 Für den Mürbeteig Mehl, Butter in Flöckchen, Ei, Gewürze und kaltes Wasser schnell zu einem glatten Teig verkneten.

2 Den Teig auf einer leicht bemehlten Arbeitsfläche dünn ausrollen. Die Springform einfetten, den Teig hineinlegen und dabei einen 4 cm breiten Rand hochziehen. Den Boden mit einer Gabel mehrmals einstechen. Die ausgekleidete Form für etwa 45 Minuten kalt stellen. Nach etwa 30 Minuten Kühlzeit den Backofen auf 200 °C vorheizen.

3 Inzwischen für den Belag den Frischkäse mit dem Quark und den Eiern gründlich verrühren und mit Salz sowie Pfeffer würzen.

4 Den Teig auf der untersten Schiene des Ofens etwa 15 Minuten blindbacken (siehe S. 8). Ihn anschließend abkühlen lassen.

5 Den Rucola und die Kräuter verlesen, waschen und gut trockentupfen. Ein paar schöne Blättchen zum Garnieren beiseite legen. Die restlichen Kräuter fein hacken und unter die Käse-Quark-Mischung rühren.

6 Die Kräutermasse auf den Teig geben und glattstreichen. Die Tarte auf der untersten Schiene etwa 40 Minuten backen, bis die Kräutermasse fest ist.

7 Die Tarte vor dem Anschneiden noch kurz ruhen lassen. Sie anschließend mit Kräuterblättchen garnieren und warm servieren.

BEILAGENTIPS

Zusammen mit einem gemischten Salat ist die Tarte ein leichtes Mittag- oder Abendessen. Wenn Sie nicht auf Fleisch verzichten möchten, paßt Kurzgebratenes, wie Steaks, Lammkoteletts oder Entenbrust, gut dazu.

GETRÄNKETIP

Hierzu paßt ein frischer, duftiger Wein, zum Beispiel ein Lugano Bianco vom Gardasee.

PRAKTISCHE TIPS

◆ Rucola (oder Rauke) ist ein nussig schmeckendes Kraut. Man bekommt es von Frühjahr bis zum Herbst auf dem Wochenmarkt.

◆ Sie können für die Tarte auch eine ganz andere Kräutermischung nehmen. Alle Garten- und Wildkräuter sind geeignet, nur zart müssen sie sein. Lassen Sie harte Thymianblättchen und Rosmarinnadeln besser weg.

ARTISCHOCKENTARTE

Infoblock

- Arbeitszeit: ca. 50 Minuten
- Ruhezeit: ca. 30 Minuten
- Backzeit: ca. 45 Minuten
- Für 1 runde Form (26 cm ø)
- 4 Portionen
- ca. 690 kcal je Portion

Zutaten

Für den Strudelteig

250 g Weizenmehl Type 550
1/8 l lauwarmes Wasser
4 EL Olivenöl
1 TL Salz
1 EL Zitronensaft
etwas Mehl zum Ausrollen
etwas Fett für die Form

Für den Belag

2 Dosen Artischockenherzen
(à ca. 240 g Abtropfgewicht)
100 g roher Schinken
100 g Kirschtomaten
50 g Pecorino (ital. Hartkäse)
250 g Ricotta
(ital. Frischkäse)
3 frische Eier
1 TL Thymianblättchen
etwas Salz, weißer Pfeffer

Außerdem

1 frisches Eigelb
2 EL Wasser

1 Das Mehl in eine Schüssel sieben. Wasser, Öl, Salz und Zitronensaft gut mischen und unter Rühren ins Mehl einlaufen lassen. Alles in etwa 5 Minuten zu einem elastischen Teig verkneten. Ihn anschließend zugedeckt bei Zimmertemperatur etwa 30 Minuten ruhen lassen.

2 Inzwischen die Artischockenherzen sehr gut abtropfen lassen und vierteln. Den Schinken in feine Streifen schneiden. Die Tomaten waschen und abtrocknen. Jede Tomate mit einer feinen Nadel mehrmals einstechen. Den Pecorino reiben.

3 Den Ricotta mit den Eiern glattrühren und mit Salz sowie Pfeffer kräftig abschmecken. Käse und Thymian darunterrühren. Artischocken, Schinken und Tomaten unter die Ricottamischung heben. Den Backofen auf 200 °C vorheizen.

4 Etwa zwei Drittel des Teiges auf einem leicht bemehlten Küchentuch sehr dünn ausrollen. Die Backform einfetten. Den Teig so in die Form legen, daß Boden und Rand bedeckt sind und der Teig etwas über den Backformrand hinaushängt.

5 Den Belag auf den Teig geben und glattstreichen. Den restlichen Teig ebenso dünn ausrollen und als Deckel auf den Belag legen. Den überstehenden Teig nach innen auf den Teigdeckel klappen.

6 Das Eigelb mit 2 Eßlöffeln Wasser verquirlen und die Teigoberfläche damit bestreichen. Die Quiche auf der untersten Schiene des Ofens in etwa 45 Minuten goldgelb backen.

REZEPTVARIATION

Statt des Schinkens können Sie auch dieselbe Menge kleingewürfelte Salami nehmen.

PRAKTISCHE TIPS

- **Am besten eignen sich solche Artischockenherzen, die gar nicht oder nur in wenig Essig mariniert wurden.**
- **Statt der Artischockenherzen können Sie auch Artischockenböden verwenden.**
- **Die Quiche reicht für 4 Personen als Hauptgericht und für etwa 10 Personen als kleine Vorspeise.**

GETRÄNKETIPS

Zu der Tarte mit mediteraner Note empfehle ich einen französischen Rosé aus der Gegend um Cassis oder einen italienischen Weißwein, zum Beispiel einen Pinot Bianco aus Friaul.

Edelfischquiche

Infoblock

- Arbeitszeit: ca. 50 Minuten
- Ruhezeit: ca. 30 Minuten
- Backzeit: ca. 35 Minuten
- Für 1 runde Form (26 cm ø)
- 4 Portionen
- ca. 930 kcal je Portion

Zutaten

Für den Mürbeteig

200 g Weizenmehl Type 550
½ TL Salz
1 kleines frisches Ei
100 g kalte Butter
etwas Mehl zum Ausrollen
etwas Fett für die Form

Für den Belag

4 kleine Pellkartoffeln (ca. 250 g)
4 Frühlingszwiebeln
50 g Butterkäse
200 g rohes Lachsfilet
200 g Zanderfilet
etwas Salz
schwarzer Pfeffer
etwas Zitronensaft
50 g Nordseekrabben (geschält)
200 g Crème fraîche
3 frische Eier
2 EL trockener Wermut (z. B. Noilly Prat)
3 EL gehackte Kräuter (Petersilie, Dill, Schnittlauch)

1 Das Mehl mit dem Salz, dem Ei und der Butter in Flöckchen schnell zu einem glatten Teig verkneten.

2 Den Teig auf einer bemehlten Arbeitsfläche dünn ausrollen. Den Boden der Form einfetten, mit dem Teig auslegen und einen 3 cm hohen Rand formen. Den Boden mit einer Gabel mehrmals einstechen. Die Form für etwa 30 Minuten kalt stellen.

3 Inzwischen die Kartoffeln pellen und in dünne Scheiben schneiden. Die Frühlingszwiebeln putzen, waschen und in etwa 1 cm lange Stücke schneiden. Den Butterkäse kleinwürfeln.

4 Den Backofen auf 200 °C vorheizen. Die Fischfilets abspülen, gut trockentupfen und in 1 cm dicke Scheiben schneiden. Diese beidseitig leicht salzen, pfeffern und mit wenig Zitronensaft beträufeln.

5 Den Teig auf der untersten Schiene des Ofens etwa 5 Minuten blindbacken (siehe S. 8) und anschließend etwas abkühlen lassen.

6 Die Kartoffelscheiben auf dem Boden auslegen, salzen, pfeffern und mit dem Käse bestreuen. Die Fischscheiben, die Krabben und die Frühlingszwiebeln dekorativ auf den Kartoffeln verteilen.

7 Crème fraîche, Eier, Wermut und die gehackten Kräuter zu einem Guß verrühren, diesen mit Pfeffer und Salz würzen und auf den Belag gießen. Die Quiche auf der untersten Schiene etwa 30 Minuten backen.

Beilagentips

Zu der Edelfischquiche passen gedünsteter Blattspinat oder knackig gegarte Zuckerschoten, die in etwas Butter geschwenkt werden. Sie können aber auch einen gemischten Blattsalat dazu servieren, der mit einer Vinaigrette angemacht ist.

Getränketip

Zu Fisch paßt ein trockener Weißwein, zum Beispiel ein Entre-Deux-Mers, besonders gut.

REZEPTVARIATIONEN

◆ Sie können die Quiche natürlich auch mit anderen Edelfischfilets zubereiten.

◆ Wenn es schnell gehen soll, können Sie statt des Mürbeteiges einen fertig gekauften Blätterteig verwenden. Dieser muß nicht vorgebacken werden.

GORGONZOLA-BIRNEN-TARTE MIT WALNÜSSEN

Infoblock

- Arbeitszeit: ca. 50 Minuten
- Ruhezeit: ca. 45 Minuten
- Backzeit: ca. 30 Minuten
- Für 1 runde Form (28 cm ø)
- 4 Portionen
- ca. 490 kcal je Portion

Zutaten

Für den Fladenteig

4 EL Butterschmalz
100 ml Wasser
100 g Weizenmehl Type 550
½ TL Salz
4 EL gemahlene Walnüsse
etwas Mehl zum Ausrollen
und für die Form

Für den Belag

2 mittelgroße Birnen
2 EL Zitronensaft
100 g Gorgonzola
100 g Magerquark
1 frisches Ei
etwas Salz
weißer Pfeffer
geriebene Muskatnuß
1 EL Schnittlauchröllchen
4–5 Walnußkerne

1 Für den Teig das Butterschmalz in einem kleinen Topf zusammen mit dem Wasser aufkochen und dann abkühlen lassen.

2 Das Mehl mit dem Salz und den gemahlenen Nüssen mischen. Mit den Knethaken des Handrührgerätes nach und nach die Wasser-Fett-Mischung unter das Mehl arbeiten. Den Teig mit der Hand noch kurz durchkneten.

3 Die Backform mit Mehl ausstäuben. Den Teig auf einer bemehlten Arbeitsfläche ausrollen, den Boden der Form damit auslegen und einen etwa 2 cm hohen Rand formen. Die Form mit dem Teig für etwa 45 Minuten kalt stellen.

4 Für den Belag die Birnen schälen, halbieren und die Kerngehäuse entfernen. Die Früchte dann in etwa 1 cm große Würfel schneiden und mit Zitronensaft beträufeln.

5 Den Backofen auf 200 °C vorheizen. Den Käse in kleine Würfel schneiden und bis auf 2 Eßlöffel mit dem Quark und dem Ei gründlich verrühren. Die Käsecreme mit Salz, Pfeffer und Muskat würzig-pikant abschmecken.

6 Den Teig zunächst auf der untersten Schiene des Ofens etwa 5 Minuten vorbacken. Ihn anschließend etwas abkühlen lassen.

7 Die Birnenwürfel unter die Käsecreme mischen und das Ganze auf dem Teigboden verteilen. Die restlichen Käsewürfel darauf streuen.

8 Die Tarte auf der untersten Schiene des Backofens 20 bis 25 Minuten backen, bis die Oberfläche anfängt leicht zu bräunen. Sie mit Schnittlauchröllchen und Walnußhälften garnieren und sofort heiß servieren.

PRAKTISCHER TIP

Die Tarte läßt sich auch mit anderen kräftigen Edelpilzkäsesorten, zum Beispiel mit französischem Roquefort, dänischem Castello blau oder englischem Blue Stilton, zubereiten.

GETRÄNKETIP

Den feinen Käsegenuß rundet ein trockener Sherry aus Spanien, zum Beispiel ein Fino, harmonisch ab.

BASILIKUMTARTE

Infoblock

- Arbeitszeit: ca. 1 Stunde
- Ruhezeit: ca. 30 Minuten
- Backzeit: ca. 30 Minuten
- Für 1 runde Form (26 cm ø)
- 4 Portionen
- ca. 840 kcal je Portion

Zutaten

Für den Mandelmürbeteig

200 g Weizenmehl Type 405
50 g gemahlene Mandeln
½ TL Salz
1 frisches Eigelb
100 g kalte Butter
etwas Fett für die Form
etwas Mehl zum Ausrollen

Für den Belag

6 Bund Basilikum (etwa 100 g abgezupfte Blättchen)
1 Bund glatte Petersilie
50 g Pinienkerne
1 Knoblauchzehe
50 ml kaltgepreßtes Olivenöl
etwas Salz
schwarzer Pfeffer
50 g Mozzarella
2 EL geriebener Parmesan
100 g Sahne
1 frisches Ei

1 Das Mehl zusammen mit Mandeln, Salz, Ei und der Butter in kleinen Stücken schnell zu einem glatten Teig verkneten. Die Backform einfetten. Den Teig auf einer bemehlten Arbeitsfläche dünn ausrollen und sowohl den Boden als auch den Rand der Form damit auslegen. Das Ganze für etwa 30 Minuten kalt stellen.

2 Inzwischen das Basilikum und die Petersilie waschen, trockentupfen, die Blättchen abzupfen und grob hacken. Die Pinienkerne in einem Pfännchen ohne Fettzugabe goldgelb rösten. Die Knoblauchzehe schälen und durch die Presse drücken.

3 Den Backofen auf 200 °C vorheizen. Basilikum, Petersilie, Pinienkerne, Knoblauch, Olivenöl und 1 Messerspitze Salz zusammen im Mixer zu einer feinen Paste pürieren und diese mit Salz sowie Pfeffer abschmecken.

4 Den Teigboden mit einer Gabel mehrmals einstechen. Ihn auf der untersten Schiene des Ofens etwa 15 Minuten blindbacken (siehe S. 8) und anschließend etwas abkühlen lassen.

5 Den Mozzarella auf einer Gemüsereibe grob raspeln und mit dem Parmesan mischen. Die Sahne mit dem Ei gut verquirlen und kräftig würzen. Die Basilikumpaste auf dem Teigboden verteilen und mit der Käsemischung bestreuen. Die Eiersahne darauf gießen. Die Tarte auf der untersten Schiene des Ofens etwa 15 Minuten backen.

BEILAGENTIPS

- **Sie können vor der Tarte eine Suppe aus vollreifen, aromatischen Tomaten servieren.**
- **Gut schmeckt zur Tarte ein Tomatensalat mit einer Essig-Öl-Marinade.**

PRAKTISCHER TIP

Die Basilikumtarte eignet sich gut als sommerliche Vorspeise für etwa 8 Personen.

GETRÄNKETIP

Ein zarter, leichter Soave Classico aus dem Veneto harmoniert gut mit dem Kräutergeschmack der Tarte.

Tarte mit dreierlei Pilzen

Infoblock

- Arbeitszeit: ca. 1 Stunde
- Backzeit: ca. 30 Minuten
- Für 1 runde Form (30 cm ø)
- 4 Portionen
- ca. 800 kcal je Portion

Zutaten

Für den geriebenen Hefeteig

¼ Würfel frische Hefe
8 EL lauwarmes Wasser
200 g Weizenmehl Type 550
4 EL geriebener Parmesan
½ TL Salz
50 g weiche Butter
etwas Mehl, etwas Fett

Für den Belag

1 Fleischtomate
150 g Schalotten
1 Knoblauchzehe
50 g durchwachsener Speck
200 g Champignons
200 g Austernpilze
200 g Shiitakepilze
3 El Olivenöl
1 TL Thymianblättchen
1 Kästchen Kresse
abgeriebene Schale von ½ unbehandelten Zitrone
etwas Salz und Pfeffer
2–3 EL Balsamessig
200 g Crème fraîche
3 frische Eier

1 Für den Teig die Hefe mit dem lauwarmen Wasser verrühren. Das Mehl, den Käse und das Salz in einer Schüssel mischen. Die Butter in Stückchen dazugeben und alles mit den Händen krümelig verreiben. Die angerührte Hefe daruntermischen und den Teig mit den Händen gut durchkneten.

2 Den Teig auf einer leicht bemehlten Arbeitsfläche dünn ausrollen. Die Backform einfetten, den Teig hineinlegen und einen etwa 3 cm hohen Rand formen. Den Teigboden mit einer Gabel mehrmals einstechen.

3 Die Tomate über Kreuz einritzen, für etwa 15 Sekunden in kochendes Wasser geben, abschrecken, enthäuten und halbieren. Den Stengelansatz und die Kerne entfernen, das Tomatenfleisch grob hacken. Die Schalotten und die Knoblauchzehe schälen, die Schalotten fein hacken und den Speck fein würfeln.

4 Die Pilze putzen und nur, wenn nötig, kurz unter fließend kaltem Wasser waschen. Alle Pilze in dünne Scheiben schneiden. Den Backofen auf 200 bis 225 °C vorheizen.

5 Das Öl in einer großen Pfanne erhitzen und die Pilze mit dem Speck darin portionsweise anbraten. Die Schalotten, die Tomate und den Thymian dazugeben und alles miteinander mischen. Den Knoblauch durch die Presse dazudrücken. Alles zusammen bei mittlerer Hitze noch etwa 5 Minuten köcheln lassen.

6 Die Kresse abspülen und die Blättchen mit einer Schere abschneiden. Die Zitronenschale und die Kresse (bis auf 1 Eßlöffel) unter die Pilzmischung heben. Diese mit Salz, Pfeffer und Balsamessig abschmecken.

7 Die Crème fraîche mit den Eiern zu einem Guß verquirlen und mit Salz sowie Pfeffer kräftig würzen. Die Pilzmischung auf dem Teig verteilen. Den Guß darübergeben.

8 Die Tarte auf der untersten Schiene des Ofens etwa 30 Minuten backen. Sie vor dem Servieren mit der restlichen Kresse bestreuen.

GETRÄNKETIP

Dazu empfehle ich einen Trollinger aus Württemberg oder aus Südtirol, wo die Rebe auch Vernatsch genannt wird.

PRAKTISCHER TIP

Die meisten Zuchtpilze müssen kaum geputzt werden. Es genügt oft, die Stielenden sparsam abzuschneiden und die Pilze rundherum, besonders aber die Lamellen, mit einem Pinsel zu säubern. Falls die Pilze doch gewaschen werden müssen, sollten Sie sie in ein Sieb geben, nur kurz unter fließend kaltem Wasser abspülen und mit Küchenpapier sorgfältig trockentupfen. Pilze bitte nie ins Wasser legen, weil sie sich sonst vollsaugen und beim Braten nicht mehr so schön bräunen.

LAUCHTARTE MIT SCHWARZEN TRÜFFELN

Infoblock

- Arbeitszeit: ca. 1 Stunde
- Ruhezeit: ca. 1 Stunde
- Backzeit: ca. 40 Minuten
- Für 1 runde Form (28 cm ø)
- 4 Portionen
- ca. 1000 kcal je Portion

Zutaten

Für den Knetteig

350 g Weizenmehl Type 405
½ TL Salz
175 g weiche Butter
1 kleines frisches Ei
100 ml Wasser
etwas Mehl zum Ausrollen
etwas Fett für die Form

Für den Belag

600 g Lauch
2 EL Butter
2 EL Mehl
200 ml Milch
200 g Sahne
etwas Salz
weißer Pfeffer
geriebene Muskatnuß
20–30 g Perigord-Trüffeln
(aus Dose oder Glas)
4 frische Eier

1 Für den Teig das Mehl in eine Schüssel sieben. Salz, Butter in Stückchen, verquirltes Ei (bis auf 2 bis 3 Teelöffel) und das Wasser zum Mehl geben und alles zu einem festen Teig verkneten. Ihn flachdrücken, in Frischhaltefolie einwickeln und für etwa 1 Stunde kalt stellen.

2 Inzwischen den Lauch putzen, gründlich waschen und in feine Ringe schneiden. Diese in der Butter in einer Pfanne unter Rühren glasig werden lassen. Den Lauch mit Mehl bestäuben und kurz anschwitzen. Ihn dann mit Milch und Sahne ablöschen und alles zusammen 2 bis 3 Minuten kräftig kochen lassen. Das Ganze mit Salz, Pfeffer und Muskat würzen.

3 Die Trüffeln abtropfen lassen und die Flüssigkeit dabei auffangen. Die Trüffeln zuerst in dünne Scheiben, diese dann in feine Stifte schneiden. Den Ofen auf 175 °C vorheizen.

4 Vom Teig etwa ein Viertel abschneiden und beiseite legen. Den Rest auf einer bemehlten Arbeitsfläche dünn ausrollen. Die Backform einfetten, den Teig hineinlegen und einen Rand von etwa 2 cm hochziehen.

5 Aus dem restlichen Teig 3 dünne Stränge formen, die etwas länger als der Backformumfang sind, und diese zu einem Zopf flechten.

6 Die Eier verquirlen, zusammen mit den Trüffelstreifen und der Trüffelflüssigkeit unter die Lauchmasse mischen und alles nochmals abschmecken.

7 Die Lauchmischung auf den Teig geben und glattstreichen. Die Teigkordel auf den Teigrand legen und etwas andrücken. Sie mit dem beiseite gestellten verquirlten Ei bepinseln.

8 Die Tarte auf der untersten Schiene des Ofens etwa 40 Minuten backen. Sie ist fertig, wenn sich der Belag fest anfühlt und die Oberfläche goldgelb gebräunt ist. Die Tarte nach dem Backen noch ein paar Minuten ruhen lassen und dann heiß oder lauwarm servieren.

REZEPTVARIATION

Statt der Trüffel können Sie auch Pfifferlinge aus dem Glas verwenden.

PRAKTISCHER TIP

Die Lauchfüllung können Sie gut vorbereiten. Sie sollten sie bis zum Backen aber kühl stellen.

GETRÄNKETIP

Ich empfehle dazu einen fruchtigen Chablis oder einen Côte de Beaune aus dem Burgund.

FORELLEN-ERBSEN-QUICHE MIT RUCOLA

Infoblock

- Arbeitszeit: ca. 1¼ Stunden
- Backzeit: ca. 35 Minuten
- Für 1 runde Form (30 cm ø)
- 4 Portionen
- ca. 710 kcal je Portion

Zutaten

Für den Quark-Öl-Teig

200 g Weizenmehl Type 550
½ TL Salz
1 TL Backpulver
100 g Magerquark
4 EL Milch
4 EL Öl
etwas Mehl zum Ausrollen
etwas Fett für die Form

Für den Belag

1 Zwiebel
1 EL Öl
300 g TK-Erbsen
100 ml Gemüsebrühe
etwas Salz, Pfeffer
1–2 EL Zitronensaft
3 EL feingehackte Petersilie
300 g geräucherte Forellenfilets
50 g Rucola (Rauke)
3 frische Eier
50 ml Milch

---

1 Den Backofen auf 200 °C vorheizen. Für den Teig das Mehl mit dem Salz und dem Backpulver mischen. Dann den Quark, die Milch und das Öl hinzufügen. Alle Zutaten zu einem geschmeidigen Teig verkneten.

---

2 Den Teig auf einer bemehlten Arbeitsfläche dünn ausrollen. Die Backform einfetten, den Teig hineinlegen und einen Rand von 2 cm hochziehen. Den Teig auf der untersten Schiene etwa 10 Minuten blindbacken (siehe S. 8).

---

3 Die Zwiebel schälen, sehr fein hacken und im Öl glasig dünsten. Die Erbsen und die Gemüsebrühe dazugeben, alles salzen, pfeffern und etwa 5 Minuten garen.

---

4 Das Gemüse in ein Sieb geben und die Flüssigkeit dabei auffangen. Die Hälfte der Erbsen zusammen mit 100 ml der Garflüssigkeit und der Petersilie fein pürieren. Das Püree mit Salz, Pfeffer und Zitronensaft kräftig würzen.

---

5 Die Forellenfilets in kleine Stücke zerteilen. Den Rucola verlesen, waschen und in feine Streifen schneiden. Die Eier gründlich mit dem Erbsenpüree mischen und die Milch hinzufügen. Das Püree nochmals mit Salz und Pfeffer nachwürzen.

---

6 Fisch, Rucolastreifen und Erbsen unter das Püree heben. Den Belag auf dem Teig verteilen und glattstreichen. Die Tarte auf der untersten Schiene des Ofens 20 bis 25 Minuten backen. Eventuell mit ein paar Rucolastreifen verzieren.

REZEPTVARIATIONEN

- **Wenn Sie möchten, können Sie die Quiche auch mit anderen Räucherfischfilets zubereiten.**
- **Der Rucola läßt sich durch glatte Petersilie ersetzen.**

GETRÄNKETIP

Dazu schmeckt ein trockener frischer Muscadet sur lie aus dem Loiregebiet besonders gut.

TARTE MIT SCHWEINEFILET UND ROTEN LINSEN

Infoblock

- Arbeitszeit: ca. 1¼ Stunden
- Kühlzeit: ca. 30 Minuten
- Backzeit: ca. 30 Minuten
- Für 1 runde Form (28 cm ø)
- 4 Portionen
- ca. 720 kcal je Portion

Zutaten

Für den Pastetenteig

250 g Weizenmehl Type 550
100 g kalte Butter
1 TL Salz
1 TL Branntweinessig
100 ml Wasser
etwas Mehl zum Ausrollen
etwas Fett für das Blech

Für den Belag

1 Zwiebel, 1 Knoblauchzehe
1 Lauchstange
100 g Champignons
250 g Schweinefilet
1 EL Butterschmalz
etwas Salz, Pfeffer
1–2 EL Zitronensaft
100 g rote Linsen
200 ml Gemüsebrühe
100 g Sahne
100 ml Milch
3 frische Eier
1 TL Currypulver
½ TL gemahlener Koriander

1 Für den Teig Mehl, Butter in Stückchen, Salz, Essig und Wasser in einer Schüssel mischen. Das Ganze anschließend kurz zu einem geschmeidigen und glatten Teig verkneten.

2 Den Teig auf einer bemehlten Arbeitsfläche dünn ausrollen. Die Backform einfetten, den Teig hineinlegen und etwas über den Rand hinaushängen lassen. Den Teig für etwa 30 Minuten kalt stellen.

3 Inzwischen für den Belag die Zwiebel und den Knoblauch schälen und fein hacken. Den Lauch putzen, waschen und in feine Ringe schneiden. Die Pilze kurz waschen, putzen und in dünne Scheiben schneiden.

4 Das Filet sehr fein schnetzeln und in einer Pfanne bei starker Hitze im Butterschmalz kurz aber kräftig anbraten. Das Fleisch herausnehmen, salzen und pfeffern.

5 Das gesamte Gemüse und die Pilze in die Pfanne geben und unter Rühren etwa 5 Minuten braten. Alles mit Salz, Pfeffer und Zitronensaft abschmecken. Den Backofen auf 200 °C vorheizen.

6 Die Linsen in der Gemüsebrühe etwa 10 Minuten zugedeckt köcheln, bis sie knapp gar sind. Sie anschließend abgießen und die Brühe dabei auffangen.

7 Für den Guß Sahne, Milch, 50 ml der Brühe, Eier, Curry und Koriander miteinander verquirlen. Alles mit Salz und Pfeffer abschmecken. Das Schweinefilet mit dem Gemüse und den Linsen mischen und auf dem Teig verteilen. Den Guß (bis auf 1 Eßlöffel) auf den Belag gießen.

8 Den überstehenden Teig nach innen rollen, so daß ein kleiner Wulst entsteht. Diesen mit dem restlichen Guß bestreichen. Die Tarte auf der untersten Schiene etwa 30 Minuten backen.

GETRÄNKETIP

Zu dem kräftigen Geschmack paßt gut ein Spätburgunder aus Baden.

SPARGEL-SCHINKEN-WÄHE

Infoblock

- Arbeitszeit: ca. 1 Stunde
- Ruhezeit: ca. 1 Stunde
- Backzeit: ca. 25 Minuten
- Für 1 Springform (28–30 cm ø)
- 4 Portionen
- ca. 950 kcal je Portion

Zutaten

Für den Quark-Blätterteig

200 g Weizenmehl Type 405
200 g Magerquark
200 g kalte Butter
½ TL Salz
etwas Fett für die Form
etwas Mehl zum Ausrollen

Für den Belag

500 g weißer Spargel
350 g grüner Spargel
etwas Salz
200 g gekochter Schinken
1 Zweig Estragon
50 g Emmentaler
weißer Pfeffer
200 g Crème fraîche
3 frische Eigelbe
1 TL abgeriebene Schale und 2–3 EL Saft von 1 unbehandelten Orange

1 Das Mehl in eine große Schüssel sieben. Den Quark, die Butter in Flöckchen und das Salz darauf geben. Alle Zutaten schnell zu einem glatten Teig verkneten. Ihn anschließend in Frischhaltefolie verpacken und für etwa 1 Stunde kalt stellen.

2 Inzwischen den weißen Spargel ganz, den grünen Spargel nur am unteren Ende schälen. Die holzigen Anschnitte abschneiden. Die Spargelstangen schräg in etwa 4 cm lange Stücke schneiden.

3 Die Spargelstücke, zunächst ohne die Spargelspitzen, in kochendes Salzwasser geben und etwa 5 Minuten kochen. Dann die Spargelspitzen hinzufügen und alles zusammen etwa 5 Minuten weiterkochen. Den Spargel abgießen, dabei das Kochwasser auffangen. Das Gemüse abschrecken und sehr gut abtropfen lassen.

4 Den Schinken in kleine Würfel oder in dünne Streifen schneiden. Den Estragon waschen, trockentupfen, die Blättchen abzupfen und fein hacken. Den Käse fein reiben. Den Spargel salzen und pfeffern.

5 Die Backform einfetten. Den Teig auf einer bemehlten Arbeitsfläche ausrollen, in die Form legen und dabei einen 3 cm hohen Rand formen.

6 Auf dem Teig Spargel, Schinken, Käse und Estragon verteilen. Die Crème fraîche mit den Eigelben, 50 ml der Kochflüssigkeit, Orangenschale und Orangensaft zu einem Guß verquirlen. Diesen mit Salz und Pfeffer kräftig würzen.

7 Den Guß über die Zutaten in die Form geben. Die Spargelwähe auf der untersten Schiene des Ofens etwa 25 Minuten backen. Sie vor dem Servieren noch kurz ruhen lassen.

REZEPTVARIATIONEN

- **Anstelle von Schinken können Sie geräucherten Lachs verwenden.**
- **Apart schmeckt die Tarte auch, wenn Sie den grünen und weißen Spargel gegen 850 g bißfest gegarte Schwarzwurzeln austauschen.**

GETRÄNKETIPS

Probieren Sie dazu einen säurearmen Silvaner aus Franken oder einen aromatischen Grauburgunder aus dem Badischen.

FRÜHLINGSTARTE

Infoblock

- Arbeitszeit: ca. 1 Stunde
- Ruhezeit: ca. 1 Stunde
- Backzeit: ca. 30 Minuten
- Für 1 runde Form (28 cm ø)
- 4 Portionen
- ca. 790 kcal je Portion

Zutaten

Für den Quark-Blätterteig

200 g Weizenmehl Type 405
200 g Magerquark
200 g kalte Butter
½ TL Salz
etwas Mehl zum Ausrollen
etwas Fett für die Form

Für den Belag

200 g junge Möhren
1 Kohlrabi
200 g grüner Spargel
150 g Zuckerschoten
etwas Salz
200 g körniger Frischkäse
2 frische Eier
1–2 TL geriebener Meerrettich
50 g Kerbel
½ Bund Petersilie
weißer Pfeffer
1 EL Öl

1 Für den Teig das Mehl in eine Schüssel sieben. Den Quark, die Butter in Stückchen und das Salz hinzufügen. Alle Zutaten schnell zu einem glatten Teig verkneten.

2 Den Teig auf einer bemehlten Arbeitsfläche ausrollen. Die Backform einfetten und mit dem Teig auskleiden. Dabei einen 2 cm breiten Rand hochziehen. Die Form für etwa 1 Stunde kalt stellen.

3 Inzwischen die Möhren und den Kohlrabi putzen, schälen und waschen. Die Möhren schräg in dünne Scheiben schneiden. Den Kohlrabi vierteln und ebenfalls in dünne Scheiben schneiden. Vom gewaschenen Spargel nur das untere Drittel schälen. Die Zuckerschoten waschen und putzen.

4 Möhren, Kohlrabi und Spargel nacheinander in sprudelnd kochendem Salzwasser jeweils etwa 5 Minuten blanchieren. Die Zuckerschoten etwa 2 Minuten blanchieren. Das Gemüse eiskalt abschrecken und sehr gut abtropfen lassen.

5 Den Backofen auf 200 °C vorheizen. Den körnigen Frischkäse zusammen mit den Eiern und 1 Teelöffel Meerrettich mit dem Pürierstab fein pürieren.

6 Die Kräuter kurz abspülen und trockentupfen. Die Blättchen von den Stengeln zupfen und ein paar zum Garnieren beiseitelegen. Die restlichen Kräuter fein hacken und unter die Käsecreme rühren. Diese mit Salz, Pfeffer und Meerrettich kräftig würzen.

7 Die Käsecreme auf den Teig geben. Die Gemüsesorten salzen und pfeffern. Sie dann segmentweise dekorativ auf der Creme verteilen und dabei leicht in die Creme drücken. Das Gemüse anschließend mit dem Öl bestreichen.

8 Die Tarte auf der untersten Schiene des Ofens etwa 30 Minuten backen, bis der Teig goldgelb gebräunt und die Creme fest geworden ist. Die Tarte vor dem Servieren mit den beiseite gelegten Kräuterblättchen bestreuen.

GETRÄNKETIP

Ich empfehle einen trockenen Silvaner aus dem Badischen.

Einladung zum Sonntagsbrunch

Was gibt es genüßlicheres am Sonntag als einen zwanglosen Brunch? Der Gedanke an die wunderbare Mixtur aus Frühstück und Mittagessen bringt selbst Langschläfer garantiert in beste Wochenendlaune.

Das Schöne am Brunch: Die Gerichte sind fertig, bevor die ersten Gäste klingeln und beim Essen ist Selbstbedienung angesagt. Sie sind entspannt und haben genügend Zeit für Ihre Lieben.

Ein genauer Organisationsplan, Vorschläge für die Einladungskarten und die Tischdekoration sowie viele praktische Tips helfen Ihnen, daß Sie als Gastgeberin Ihr Fest streßfrei und in Muße genießen können. Die Mengen für diesen Brunch reichen für etwa 8 Portionen.

Und das wird serviert

Brötchen, Marmelade & Co. (S. 122)

Duftende Hühnerbrühe (Rezept S. 124)

Lachsschiffchen (Rezept S. 22)

Curry-Hackfleisch-Quiche (Rezept S. 42)

Exotischer Fruchtsalat mit Limettensirup (Rezept S. 124)

Ein genüßliches Wochenende

Die Einladung

Ihre Gäste können Sie ganz leger per Telefon zum Brunch bitten – ausgefallener aber ist es allemal, wenn Sie eine passende Einladung per Post verschicken. Kaufen Sie witzige Karten oder basteln Sie individuelle selbst, zum Beispiel mit einem Motiv in Form eines Weckers, dessen Zeiger auf 11 Uhr stehen.

Bitten Sie im Text mit einem Kürzel „u.A.w.g." (um Antwort wird gebeten) um Feedback, damit Sie frühzeitig wissen, wer zum Brunch kommt und wer nicht. Wenn Sie den Brunch zeitlich begrenzen wollen, sollten Sie das gleich auf der Einladung vermerken oder zu einer bestimmten Uhrzeit nach dem Essen eine Unternehmung einplanen, zum Beispiel einen kleinen Spaziergang.

Die Tischdekoration

Da es auf dem Eßtisch erfahrungsgemäß vom Platz her meistens ziemlich eng wird, sollten Sie für die Gerichte zusätzlich ein kleines Bufett aufbauen. Das kann ein Schreibtisch sein, eine Kommode, ein Garten- oder auch ein Tapeziertisch. Legen Sie darüber eine große Tischdecke, notfalls auch ein Bettuch und darüber eine kleinere Tischdecke. Schön sieht es aus, wenn das Tuch bis auf den Fußboden herunterhängt. Die Dekoration von Tisch und Bufett muß weder teuer noch aufwendig sein. Die Hauptsache ist, sie hat eine persönliche Note. Kombinieren Sie Ihr vorhandenes Geschirr am besten mit farblich passenden Accessoires, das wirkt immer.

Die fröhliche und ungezwungene Stimmung beim Brunch können Sie zum Beispiel mit farbenfrohem Geschirr unterstreichen. Die Farben der Tisch- und Bufettdecken sollten mit den Grundfarben des Geschirrs harmonieren. Sehr schön sieht es aus, wenn Sie rotes Geschirr mit einer petrolfarbenen Tischdecke kombinieren. Statt Stoff können Sie auch Lackfolie nehmen, die sich immer wieder verwenden läßt.

Den Eßtisch sollten Sie mit flachen Tellern, Tassen und Besteck (Messer, Gabel, Suppen- und Dessertlöffel) eindecken.

Legen Sie zusätzlich noch eine farblich auf die Tischdecke abgestimmte Serviette und einen Kräuterzweig (beides jeweils mit einem Stoffband zusammengeschnürt) neben die Teller. Auf das Bufett stellen Sie die Suppenteller oder -tassen, die Gläser und, wenn Sie haben, noch einen Stapel flacher Teller zum Wechseln.

Als weitere Dekoration können Sie verschiedene Kräuter (auch mit Blüten) zu mehreren Ministräußchen binden und diese auf Tisch und Bufett stellen. Zwischen Geschirr und Kräutern werden zuletzt farblich auf Tisch und Bufett abgestimmte Glasperlen (Murmeln) verteilt.

Die Getränketips

- Da die Gerichte Frühstück und Mittagessen verbinden, können neben Kaffee und Tee auch trockener Sekt und später ein leichter trockener Weißwein (z.B. ein Grüner Veltliner aus Österreich oder ein Grauburgunder aus Baden) gereicht werden.
- Wenn Kinder dabei sind, dürfen Milch und Kakao nicht fehlen.
- Zusätzlich sollten Sie genügend Mineralwasser und auch ein bis zwei unterschiedliche Fruchtsäfte bereithalten.

Was noch zum Brunch gehört

◆ Neben den geplanten Gerichten sollten auf dem Bufett, allerdings nur in kleineren Mengen, folgende Zutaten für ein sogenanntes klassisches Frühstück nicht fehlen:

- 2 bis 3 Brotsorten und verschiedene Brötchen
- Butter, Margarine, Konfitüren und Honig
- Eine Auswahl von Wurst- und Schinkenaufschnitt
- Eine Platte mit verschiedenen Käsesorten (von Schnitt- bis Weichkäse), deren Aroma von mild bis würzig reicht

◆ Erfrischend zu Quiches und Tartes schmeckt ein gemischter Blattsalat mit einer leichten Essig-Öl-Marinade.

Praktische Tips rund um den Brunch

◆ Sie wissen selbst am besten, ob Ihre Gäste gute oder schlechte Esser sind. Bei ausgesprochen kräftigen Essern können Sie zusätzlich ein drittes Quiche- oder Tortenrezept zubereiten.

◆ Wenn Sie für die Lachsschiffchen nicht so viele Schiffchenformen haben, können Sie einen Teil auch in kleinen runden Förmchen backen.

◆ Stellen Sie sich rechtzeitig geeignete Servierplatten und Vorlagebesteck für die Quiche und die Lachsschiffchen zurecht.

◆ Kaffee und Tee halten Sie am besten in Thermoskannen warm.

◆ Sekt und Wein in einem Kühler aufs Bufett stellen. Das sieht dekorativ aus, und jeder kann sich selbst bedienen.

◆ Die Schüssel mit dem Exotischen Fruchtsalat in eine noch größere Schüssel stellen, die zur Hälfte mit Eiswürfeln gefüllt ist, so bleibt der Salat lange appetitlich frisch. Die Eiswürfel dafür sollten Sie schon ein paar Tage vorher einfrieren.

◆ Die Hühnerbrühe können Sie in eine Terrine füllen und auf einem Rechaud mit Teelicht oder auf einer Warmhalteplatte aufs Bufett stellen.

Organisationsplan

◆ 2 TAGE VORHER

Die Einkäufe erledigen. Die Getränke kühlen. Die Hühnerbrühe kochen und kalt stellen. Die Teige für die Quiche (einfache Menge) und die Schiffchen (doppelte Menge) zubereiten und in den Kühlschrank stellen.

◆ 1 TAG VORHER

Das Bufett aufbauen. Den Tisch decken und dekorieren. Die Hühnerbrühe entfetten und abschmecken. Die Möhren für die Brühe schneiden und blanchieren. Brühe und Möhren getrennt zugedeckt kalt stellen. Die Schiffchenförmchen und die Springform mit Teig auslegen. Den Belag und den Guß für die Curry-Hackfleisch-Quiche zubereiten. Den Belag und den Guß für die Lachsschiffchen zubereiten. Alles getrennt kalt stellen. Am Abend den Exotischen Fruchtsalat zubereiten bis einschließlich Punkt 5.

◆ 2 STUNDEN VORHER

Den Backofen auf 200° C vorheizen. Die Curry-Hackfleisch-Quiche fertigstellen und backen.

◆ 1 STUNDE VORHER

Den Exotischen Fruchtsalat fertigstellen. Kaffee und Tee zubereiten und in Thermoskannen füllen.

◆ 1/2 STUNDE VORHER

Die Lachsschiffchen fertigstellen und backen. Die Hühnerbrühe langsam erhitzen. Frühlingszwiebeln und Tomaten für die Brühe schneiden und zusammen mit den Möhrensternchen in die Brühe geben. Alle Gerichte dekorativ anrichten.

DUFTENDE HÜHNERBRÜHE

Infoblock

- Arbeitszeit: ca. 40 Minuten
- Ruhezeit: ca. 12 Stunden
- Garzeit: ca. 2½ Stunden
- 8 Personen
- ca. 120 kcal je Portion

Zutaten

2 Bund Suppengrün
1 Zwiebel, 2 Knoblauchzehen
3 cm frischer Ingwer
1–2 kleine Chilischoten
1 Suppenhuhn (ca. 2 kg)
1 TL Pimentkörner
1 TL Wacholderbeeren
1 EL Pfefferkörner
2 Lorbeerblätter
etwas Salz, weißer Pfeffer
2 dicke Möhren
1–2 EL Zitronensaft
2 Frühlingszwiebeln
150 g Cocktailtomaten

1 Das Suppengrün putzen, waschen und in große Stücke schneiden. Die Zwiebel ungeschält halbieren, die Schnittflächen auf der heißen Herdplatte goldbraun rösten. Den Knoblauch und den Ingwer schälen und in dicke Scheiben schneiden. Die Chilischoten waschen.

2 Das Huhn in einen großen Topf legen. Suppengrün, Zwiebel, Knoblauch, Ingwer, Chilis und Gewürze hinzufügen. Das Ganze mit soviel kaltem Wasser aufgießen, daß alles gut bedeckt ist.

3 Das Wasser ohne Deckel langsam aufkochen lassen. Den Schaum, der sich dabei entwickelt, nicht abschöpfen. Den Topf verschließen und das Huhn bei kleiner Hitze in 2 bis 2½ Stunden mehr garziehen als kochen lassen.

4 Das Huhn aus der Brühe nehmen und anderweitig verwenden (z.B. für einen Salat oder ein Frikassee). Die Brühe durch ein mit einem Tuch ausgelegtes Sieb filtern, dann in einen kleineren Topf umfüllen und zugedeckt kalt stellen.

5 Die Hühnerbrühe am nächsten Tag entfetten. Die Möhren schälen, zuerst in ½ cm dicke Scheiben schneiden, dann mit einem kleinen Ausstecher aus den Scheiben Sternchen ausstechen. Diese in Salzwasser etwa 2 Minuten blanchieren, dann abschrecken und gut abtropfen lassen.

6 Die Hühnerbrühe etwa ½ Stunde vor dem Servieren langsam erhitzen und mit Salz, Pfeffer sowie etwas Zitronensaft abschmecken. Die Frühlingszwiebeln putzen, waschen und in hauchdünne Scheiben schneiden. Die Tomaten putzen, waschen und halbieren. Beides zusammen mit den Möhrensternchen in die Suppe geben.

EXOTISCHER FRUCHTSALAT MIT LIMETTENSIRUP

Infoblock

- Arbeitszeit: ca. 30 Minuten
- Marinierzeit: über Nacht
- 8 Personen
- ca. 200 kcal je Portion

Zutaten

2 reife Mangos, 2 reife Papayas
4 Kiwis, 1 Karambole (Sternfrucht)
1 rosa Grapefruit
500 g Wassermelone
100 g Zucker
2 Päckchen Vanillinzucker
100 ml Wasser
Saft und Schale von 2 Limetten
2 reife Feigen
200 g Kapstachelbeeren (Physalis)
6–8 Zitronenmelisseblättchen

1 Mangos und Papayas schälen. Das Mangofruchtfleisch in etwa 1 cm dicken Spalten vom Stein schneiden und würfeln. Die Papayas längs halbieren, entkernen, in etwa 1 cm dicke Scheiben schneiden und ebenfalls würfeln.

2 Die Kiwis schälen und längs halbieren. Die Karambole waschen und abtrocknen. Beides in 1 cm dicke Scheiben schneiden.

3 Die Grapefruit schälen, dabei die weiße Haut völlig entfernen. Die Filets aus den Trennhäutchen herausschneiden und, je nach Größe, halbieren. Aus der Melone die Kerne entfernen. Dann mit einem Kugelausstecher aus dem Fruchtfleisch Kugeln herauslösen.

4 Für den Sirup Zucker, Vanillinzucker, Wasser sowie 5 Eßlöffel Limettensaft zusammen in einem Töpfchen aufkochen und etwa 10 Minuten köcheln lassen. Die Limettenschale darunterrühren und den Sirup etwas abkühlen lassen. Das vorbereitete Obst mit dem Limettensirup vorsichtig mischen und zugedeckt über Nacht kühl stellen.

5 Am nächsten Tag die Feigen mit einem feuchten Küchenpapier abwischen. Stiele und Blütenansätze abschneiden. Die Feigen samt Schale vierteln. Die Kapstachelbeeren aus der Hülle zupfen, waschen, abtrocknen und halbieren. Sie zusammen mit den Feigen unter den Salat mischen.

6 Den Obstsalat in eine Schüssel füllen. Die Melisseblättchen waschen, trockentupfen, je nach Größe nur grob zerzupfen und auf den Salat streuen.

Rezeptverzeichnis nach Zutaten

◆ Rezepte für sehr kleine Formen sind mit einem „■“ gekennzeichnet. Rezepte für ein großes Backblech sind mit einem „■“ gekennzeichnet. Alle anderen Quiches und Tartes werden in runden Formen mit Durchmessern von 26–30 cm gebacken.

Mit Fleisch

Mit Geflügel

Mit Wurst, Schinken oder Speck

Mit Fisch

Mit Meeresfrüchten

Mit Pilzen

Mit Nüssen

Mit Obst

Vegetarisches

Mit Knoblauch

Dieses Buch gehört zu einer Kochbuchreihe, die die beliebtesten Themen aus dem Bereich Essen und Trinken aufgreift. Fragen Sie Ihren Buchhändler.

Der Verlag dankt der Firma RASTAL, Höhr-Grenzhausen, für die freundliche Unterstützung.

Die Deutsche Bibliothek – CIP-Einheitsaufnahme

Quiches und Tartes / Marlisa Szwillus. – Niedernhausen/Ts. :
FALKEN, 1995
(Gut essen und trinken)
ISBN 3-8068-4834-3
NE: Szwillus, Marlisa

ISBN 3 8068 4834 3

Umschlaggestaltung: Peter Udo Pinzer
Layout: Petra Becker
Redaktion: Barbara Fleig
Herstellung: Michaela Krekel
Titelbild: Ulrich Kopp, Füssen (auf dem Foto: Florentinerquiches, Seite 16)
Fotos: Ulrich Kopp, Füssen

Satz: Raasch & Partner GmbH, Neu-Isenburg
Druck: Ernst Uhl, Radolfzell

817 2635 4453 6271